인간 너머의 인간

포스트휴먼 시대의 신, 인간, 자연

인간 너머의 인간

서울대-한신대
포스트휴먼연구단

이경민
홍성욱
우희종
전철
김태연
강금실
김진호
이상철

샘얼의책

인간 너머의 인간

1판 1쇄 발행 2021년 10월 30일

지은이 강금실, 김진호, 김태연, 우희종, 이경민, 이상철, 전철, 홍성욱
펴낸이 안희곤
펴낸곳 사월의책

편집 박동수
디자인 김현진

등록번호 2009년 8월 20일 제2012-000118호
주소 경기도 고양시 일산서구 중앙로 1388 동관 B113호
전화 031)912-9491 | 팩스 031)913-9491
이메일 aprilbooks@aprilbooks.net
홈페이지 www.aprilbooks.net
블로그 blog.naver.com/aprilbooks

ISBN 978-89-97186-59-4 93100

* 책값은 뒤표지에 있습니다.
* 이 저서는 2016년 대한민국 교육부와 한국연구재단의 지원을 받아 수행된 연구임(2016S1A5A2A03926283).

차례

머리말

1.

인공지능과 포스트휴머니즘은 21세기 문명의 중요한 키워드이다. 인공지능 체계들과 트랜스휴먼의 새로운 문명적 도전은 인간과 마음의 문제에 대한 전통적 연구를 강하게 자극하고 이에 대한 새로운 구성을 요청한다. 이 요청의 과제 앞에 서울대-한신대 포스트휴먼연구단은 지난 5년간 간학문적인 연구를 수행해 왔다. 본 연구단은 오늘 인공지능과 포스트휴먼 시대가 발신하고 있는 다양한 과학적, 생태학적, 인문학적, 종교적 의미를 연계적으로 검토하여 인간의 미래에 대한 융합적 전망을 확보하는 것을 목표로 하였다. 오늘날 인간, 몸, 마음, 생명, 환경의 문제에 대한 종교적이며 인문학적인 감수성과 의학 및 과학의 담론들은 인간에 대한 학제 간 융합연구의 필요성을 강하게 요구한다.

오늘날 인간 존재가 직면한 다양한 문제와 난관을 극복하고 인간의 미래에 대한 공통의 담론 기반을 모색하기 위하여 본 공동연구는 종교학, 형이상학, 윤리학, 법학, 생명공학, 뇌인지과학, 자연과학의 관점에서 다양하게 구축되는 인간에 대한 이미지들을 검토하였다. 그리고 '인간', '영혼', '마음', '자연', '인공지능', '포스트휴먼', '신'에 관한 21세기 여러 연구 성과들과 대화를 하였다. 특히 미래 포스트휴머니즘 시대의 도래가 과학사회, 기술사회, 인간사회에 던져주는 여러 사회적 문제들을 조명하고 대안의 모색을 위하여 학제 간 융합연구의 성과로 수렴되도록 노력해 왔다.

2.

이경민은 「인공지능과 인간지능: 지능에 관한 인지과학과 신학의 대화」에서 지능의 본성에 관한 인지과학과 신학의 학제적 접근을 모색한다. 지능과 인간의 본성 탐구를 위한 인지과학과 신학의 대화는 다음과 같이 진행된다. 첫째, 본 연구는 지능의 정의에 대한 몇 가지 관점들로부터 논의를 시작하여 유인원에 대비한 인간 지능의 특질들을 설명하면서, 현대적 인간론에서 바라본 인공지능의 의미와 한계, 그리고 지성의 진정한 지위를 다룬다. 둘째, 본 연구는 지능의 지위에 대한 검토에서 인간의 지위에 대한 다각적 검토로 연구의 관점을 확대한다. 자연, 기술, 생명의 총체적 연결망에 대한 종합적 재구성은 인류세(Anthropocene) 시대에 직면한 인간의 중요한 과제이다. 인간 지능은 생물학적 위상을 넘어선 사회문화적 신경망의 관점에서 조명될 필요가 있다. 셋째, 본 연구는 생명의 복잡계 안에서 존재하는 인간 지위의 다면성과 그 역동적 위상을 조명할 것이다. 이를 통하여 인공지능 시대 '지능'과 '인간'의 존재론적 전회의 가능성을 다면적으로 모색한다.

홍성욱은 「포스트휴먼 테크놀로지」에서 기술을 포스트휴머니즘의 관점에서 이해하고자 한다. 즉 기술이 인간과 함께 오랜 기간 공진화했으며, 지금 이 순간에도 서로를 만들면서 진화하는 '반려종'으로 생각해 볼 수 있음을 제안한다. 기술을 이렇게 보는 것을 저자는 '포스트휴먼 테크놀로지'라고 부를 것인데, 이 관점에 의하면 기술에 대한 이해는 인간에 대한 이해로 연결되며, 인간에 대한 이해는 기술에 대한 이해를 필수적으로 수반한다.

포스트휴먼 테크놀로지는 다른 포스트휴먼 사상이나 감수성에서처럼 인간을 관계적 존재로 파악하는데, 인간이 기술과 맺는 관계인 '기술적 매개'가 인간이 다른 인간, 동물, 자연, 영적인 존재와 맺는 관계만큼이나 중요하다고 간주한다. 이러한 관점에서 보면 기술은 새로운 관계를 만들어 내며, 동시에 기존의 관계를 무력화하거나 약화하거나 망각하게 만드는 역할을 수행하는 존재로 정의된다.

홍성욱의 연구에서는 기술에 대한 포스트휴먼적인 관점을 제시한 도나 해러웨이, 질베르 시몽동, 브뤼노 라투르, 베르나르 스티글러의 철학을 살펴본 뒤에, 노인을 위한 반려로봇 '효돌'과 최근 사회적으로 논쟁의 대상이 되고 있는 '리얼 돌'(real doll)의 사례를 들어 인간과 기술의 상호구성에 대해서 살펴보면서, 포스트휴먼 테크놀로지의 개념적 유용성을 고찰한다.

우희종은 「포스트휴먼 사회의 동물권과 생명」에서 조만간 인류가 접하게 될 포스트휴먼 사회에서의 유기적 생명체의 위치를 검토한다. 근대가 이룬 인간 중심의 인류세 속에 생태계 내의 뭇 생명은 물론 인간 사회에서 상대적 약자인 동물을 중심으로 현재의 문제점을 되짚어 보면서 향후 새롭게 전개될 포스트휴먼 사회의 신유물론적 세계관과 생명체의 관계 맺음을 살펴본다. 이를 위해 우선적으로 유기체적 생명(wet life)과 기계 생명(dry life)의 차별성을 확보하는 시도를 하고 있으며, 그에 근간해 인류세 속의 동물의 생명권과 생태계 내의 위치는 향후 포스트휴먼 사회에서의 동물 및 인간의 생태 지형 내의 위치로 이어지게 됨에 주목한다.

이런 전개를 위해 현재 인류가 직면한 기후 위기나 생태계 파괴에 따른 국제사회의 실질적 시도인 원헬스(One Health)와 최근 제시되고 있는 지구 행성 건강(Planetary Health)의 개념을 접목시켜 생명 존중 내지 생명의 건강성을 다루면서 서구의 생명 정치와는 구분되는 긍정적 접근으로서의 생명 정치를 구상하고 있다.

전철은 「휴머니즘의 빛과 그림자」에서 포스트휴머니즘 정신이 세련된 인공지능의 등장을 필두로 한 과학시대와 결합하여 21세기에 들어서 더욱 확산되고 있다고 해석한다. 포스트휴머니즘에 대한 개념적이며 철학적인 논의는 20세기 후반에 본격적으로 이루어진다. 휴머니즘은 르네상스의 중요한 정신과 특징을 반영하고 있다. 이는 인간을 둘러싼 모든 외부적인 권위와 전통을 거부하고 새로운 인간의 세계와 문화를 옹호하고 구축하려는 문명의 산물이다. 그러나 전통적인 인간상은 비판적으로 재해석된다. 과학, 기술, 자본, 문화 변동 앞에서 인간의 조건에 대한 새로운 물음은 폭발하고 있다. 포스트휴머니즘 담론은 전통적인 인간 해석의 사각지대를 둘러싼 새로운 질문에 기반을 둔 역동적 해석체계이다. 포스트휴머니즘의 주요 문제제기와 관점들은 어디에서 등장하는가. 휴머니즘 이후의 새로운 조건은 무엇인가. 저자는 포스트휴머니즘의 역사적 계보를 조명하고 쟁점을 검토한다. 특히 "비판적 포스트휴머니즘"의 사상적 실험을 탐색한다.

김태연은 「서구 휴머니즘과 그리스도교에 대한 성찰」에서 인간중심주의로서의 휴머니즘을 넘어서기 위한 포스트휴머니즘적 지향을 바탕으로 과거 휴머니즘에 대한 고민과 새로운 대안 모색의 한 사례를 짚어본다. 과거 다양한 휴머니즘에 대한 반성적 사유를 살펴보는 작업이 포스트휴머니즘적 사유의 발전을 위한 근본적 성찰의 참조점으로서 기능할 수 있을 것이라고 보기 때문이다. 특히 양차대전 후 서구에서 일어난 휴머니즘에 대한 고민의 한 지류로서 하이데거와 동시대인으로 긴밀하게 교류했던 독일의 신학자 불트만의 「휴머니즘과 그리스도교」를 살펴본다.

반형이상학적, 실존적 사유를 전개했던 불트만의 사상은 신정통주의 신학에 속했으나 현대 자유주의 신학계에도 큰 영향을 끼쳤다. 그는 전후 패전국 독일에서 인간이 신이 되어 타자들을 학살하는 만행이 저질러진 것에 대해 휴머니즘을 지목하는 논쟁적 상황을 경험하였다. 독일의 미래세대를 위한 교육체계 구축을 위한 현장적, 실천적 고민 가운데에서 불트만은 휴머니즘이 서구사 속에서 동행하며 발전해 왔음을 제시했다. 불트만의 논의에는 나치시대에 그리스도교와 휴머니즘 모두 무력했음에 대한 성찰이 포함되어 있으며, 인간의 휴머니즘적 사유에 깊이 있는 자기반성의 책무를 요구하고 있다.

이는 서구사 속에서 종교적인 것만 넘어서면 휴머니즘이 실현되는 것이 아니었으며, 역사 속에서 오히려 휴머니즘이 종교가 되어버린 것에 대한 반성이기도 했다. 그러므로 저자는 결국 인간이 인간의 한계를 돌아보기 위해 과거 휴머니즘의 논의와 그 역사적 펼침 속에서 드러난 명암을 구분하기 위한 노력은 포스트휴머니즘의 발전을 위해 필요한 작업이라고 강조한다.

강금실은 「생명·생태·지구: 자연의 권리와 지구법학의 과제」에서 인간중심의 법질서가 지구중심으로 바뀌어야 하고, 자연의 권리(The Rights of Nature)를 인정해야 한다고 보는 지구법학을 소개한다. 하나님의 창조 질서는 인간과 모든 피조물이 번성하라는 것이었는데, 근대 이후 인간이 추구한 산업 문명의 질서는 결국 인간만 살아남을 형국을 초래했다고 지적하며, 모든 존재가 함께 살아가는 생태대(Ecozoic) 시대로 가야 한다는 비전 속에서 모든 생명이 존중받는 지구공동체를 이루어야만 한다고 주장한다. 지구와 지구생명체, 인간을 포함한 모든 존재를 주체(subjects)로 명명하고, 주체들의 친교(a communion of subjects)가 지구공동체를 구성한다고 주장한 토마스 베리의 철학에 주목한다. 인간의 법학이 과연 인간중심주의를 넘어 지구중심의 지구법학으로 발전할 수 있을까? 인간의 법체계 내에서도 태아에게 손해배상청구권이 인정되고, 미성년자의 법정대리, 후견인 제도가 있다는 점에서 가능성을 발견하고, 자연의 권리를 대리 행사하는 수탁제도, 후견인, 관리인 제도로 발전시킬 것을 제안한다.

김진호는 「포스트휴머니즘과 해방의 성치」에서 박찬욱의 영화 〈사이보그지만 괜찮아〉를 포스트휴먼의 관점에서 분석한다. 로버트 단턴은 18세기 프랑스 파리의 인쇄공들이 인쇄공장에서 온갖 가학성과 착취를 자행하는 공장 주인에 대한 복수를 공장 주변의 고양이들을 학살하는 것으로 수행했음을 밝힌 바 있다. 그것으로 주인마님이 애지중지하는 마님의 고양이도 죽었다. 잘못 전이된 복수가 동물학대로 나타났다는 비판이 가능하다. 그런 점에서 모든 복수는 와전되며 결국 실패할 수밖에 없다. 한데 그러한 어리석은 복수가 얼마 후 일어날 프랑스 혁명의 실천적 전조였다고 단턴은 해석한다. 박찬욱의 영화 〈사이보그지만 괜찮아〉에도 그러한 와전된 복수가 실행된다. 다만 여기에는 감독 박찬욱의 다른 영화들인 복수극 시리즈와는 달리 의도치 않은 대상에게 폭력이 가해지지 않았다.

한편 〈사이보그지만 괜찮아〉의 복수는 흥미롭게도 포스트휴먼적 퀴어들의 복수라는 점에서 흥미롭다. 그들은 포스트휴먼 시대의 사이보그, 즉 타자화된 인간들이었다. 그런데 그들의 저항 행동에서 주목할 또 하나는 그 배제 체험의 극복을 위한 퍼포먼스가 타자들 간의 공감하기에서 시작한다는 점이다. 그들의 타자들 간의 연대는 타자적 주체의 각성을 통한 만남이 아니다. 그런 주체의 각성이 가능하지 않은 타자는 또다시 배제될 것이다. 반면 이 영화에서 정신질환자로 묘사된 그들의 연대는 교감이다. 타자적 사이보그들의 교감적 연대와 실천, 그것에서 저자는 포스트휴먼 시대의 해방의 상상력을 본다.

이상철은 「포스트휴먼과 고통의 해석학」에서 포스트휴머니즘과 민중신학의 관계를 조명한다. 포스트휴먼 세상이 유토피아가 될는지, 아니면 디스토피아가 될는지에 관해서는 의견이 분분하지만, 분명한 것은 그 과정에서 많은 사람들이 제외되거나 도태되어 고통의 한복판으로 몰릴 것이고, 그 파장이 종전보다 광범위하고 상흔 또한 깊을 것이라는 묵시론적 전망은 그것의 진위 여부를 떠나 이미 번져버린 포스트휴먼 현상학이 되었다. 저자는 포스트휴먼 시대에 직면할 수 있는 고통의 현상학에 대한 이야기를 들려준다. 세부적으로 말하면 고통과 기억에 대한 민중신학적 해석학이라 할 수 있고, 그것은 민중신학의 전개 과정에서 가장 논란이 되었던 민중 메시아와 관련된 부분이기도 하다. 그는 고통을 바라보고 기억(념)했던, 고통과 맞서 왔던 민중신학의 서사가 포스트휴먼 시대를 맞아 예상되는 고통에 대한 성찰의 한 지점이 되기를 기대한다.

3.

본 단행본은 서울대-한신대 포스트휴먼연구단이 지난 5년간 함께 인공지능과 포스트휴머니즘에 대하여 다양한 방식으로 고민하고 성찰한 공동연구의 산물이다. 인간이란 무엇인가. 인간은 현재의 자기에 머무를 수 없는 존재다. 인간 존재의 물리적, 생물적, 그리고 정신적 차원에서 현대 과학이 뒤늦게 재발견하고 있듯이, 물질은 고정된 질량일 뿐만 아니라 변화를 일으키는 에너지이기도 하고, 새로운 가능성을 담보한 정보이기도 하다. 생명은 질량과 에너지로 구성된 개체들에 구현되는데, 개체는 정보 흐름을 통해 자기를 재구성하는 체계로서 끊임없이 변화하면서 새로운 개체들로 분화한다. 인간 지능을 비롯한 정신은 과거의 경험을 축적하고 미래를 예측하며 현재를 탐색하는 모험의 연속이고, 학습과 기억의 생명 기제에 기반을 둔 자가조직화 과정이다.

현재에 안주하여 머무를 수 없는 인간은 필연적으로 현상적 자기를 초월해야만 하고, 자기를 넘어서면서 실존의 무한한 우연성을 마주하게 된다. 인간의 존재 과정에서 확인되는 우연의 필연성과 필연의 우연성은 자기중심적 인본주의를 부정한다. 필연적 중심으로 삼을 만한 본질적 인간은 드러나지 않고, 오히려 인간의 본질은 본질적 인간 이념을 넘어섬에서 발견된다. 휴머니즘은 '본래' 비인본주의적이고 자기부정적이다.

이런 의미에서 인간 실존의 지속성, 특히 지구생태적 지속가능성은 인간중심주의적 현상 유지를 넘어서는 가치가 있다. 현재 자신의 삶을 긍정할 뿐만 아니라 미래의 가능한 삶들의 가치를 인정하게 하고, 개체 사이의 관계는 물론 개체들을 둘러싸고 관계 맺는 모든 것들의 가치를 인식하게 하며, 나아가 관계 맺음에 대한 보편적 성찰과 이미 맺어진 관계들의 가치를 고양하는 실천이 가능하도록 하기 때문이다.

2021년 10월 30일

이경민 외 공동저자

1

인공지능과 인간지능

지능에 관한 인지과학과 신학의 대화

이경민

(서울대학교 교수, 신경과학과 인지과학)

I. 들어가며

2016년 3월 인공지능 알파고(AlphaGo)의 등장이 우리 사회에 던진 충격은 꽤 컸다. 현대 대중들에게 가깝게 다가오는 '바둑'이라는 주제로 큰 문화적 여파를 일으켰다. 하지만 알파고의 충격은 이미 반세기 동안 진행되어 온 인지과학 발전의 큰 흐름 속에서 조망하면 하나의 작은 사건일 뿐이다. 지능, 즉 인지에 대한 탐구와 인공지능, 즉 인간이 만든 인지체계의 추구는, 넓게 보면 근대 철학의 주체 중심적 인식론의 전환으로부터, 좁게 보면 1950년대 "인공지능"이란 단어가 만들어진 현대적 인지과학의 태동 이후 줄기차게 지속되어 왔다. 인지과학의 한 분야에 인공지능이 있으며, 인공지능은 사실 인간 지능을 모사하고자 하는 노력으로 해석할 수 있다. 인공지능의 역사는 50여 년 되었다. 인공지능의 혁신은 세 차례 정도의 큰 계기들이 있었다. 그

마지막 계기는 2006년에서 2008년 어간 일어났으며, 그 혁신의 급성장을 통하여 인공지능이 사람과 겨룰 만큼 정도의 실력을 쌓게 된 것이다.

인공지능 시대의 지능과 인간의 본성에 대한 질문은 더욱 심화되었다. 초지능(Superintelligence)의 등장[1]은 인간에게 기회이자 두려움이다. 인간은 왜 지능을 고민하는가. 인공지능 시대 지능을 묻는 것은 지능 설계의 필요성에 기인한다. 그러나 전통적인 지능에 대한 이해의 해체와 재구성에도 그 이유가 있다. 인공과 인간 모두 지능을 공통분모로 하고 있다. 동시에 인공지능과 인간지능은 특정한 방식으로 결별한다. 이 둘은 어디에서 만나고 분화되는가. 인간의 지능을 모태로 구현된 인공지능의 미래는 어떤 방식으로 열릴 것인가. 더 나아가서 인간 지능은 인공지능의 도전 앞에서 어떠한 기능과 과제를 지니고 있는가.[2]

본 연구는 지능의 본성에 관한 인지과학과 신학의 학제적 접근을 모색한다. 지능과 인간의 본성 탐구를 위한 인지과학과 신학의 대화는 다음과 같이 진행된다. 첫째, 본 연구는 지능의 정의에 대한 몇 가지 관점들로부터 논의를 시작하여 유인원에 대비되는 인간 지능의 특질들을 설명하면서 현대적 인간론에서 바라본 인공지능의 의미와 한계, 그리고 지성의 진정한 지위를 다룬다(II). 둘째, 본 연구는 지능의 지위에 대한 검토에서 인간의 지위에 대한 다각적 검토로 연구의 관점을 확대한다. 자연, 기술, 생명의 총체적 연결망에 대한 종합적 재구성은 인류세(Anthropocene) 시대에 직면한 인간의 중요한 과제이다. 인간 지능은 생물학적 위상을 넘어선 사회문화적 신경망의 관점에서 조명될 필요가 있다(Ⅲ, Ⅳ). 셋째, 본 연구는 생명의 복잡계 안에 존재하는 인간 지위의 다면성과 그 역동적 위상을 조명할 것이다. 이를 통하여 인공지능 시대 '지능'과 '인간'의 존재론적 전회의 가능성을 다면적으로 모색할 것이다(Ⅴ).

Ⅱ. 인공지능과 인간지능

1. 지능의 본성과 진화

인간이 "하나님의 형상"(창 1:27)대로, 그러나 "천사보다 조금 못하게"(시 8:5) 지어졌다는 성서의 인간론에는 인간의 지능에 대한 나름의 자부심이 담겨 있다. 지능에 대한 개념이 과학적으로 탐구되고 이해되기 시작한 것은 그리 오랜 일은 아니다. 현대 인지과학(cognitive science)은 컴퓨터의 등장으로 추동되어 전산학, 언어학, 심리학, 뇌과학, 인류학 등 여러 학문 분야들의 학제 간 교류를 통해 발전해 왔다. 이런 학제적 소통을 거쳐 인지, 혹은 지능의 창을 통해 인간을 이해하려는 노력이 진행되었고, 좀 더 엄밀하고 객관적인 개념들을 정립하는 노력이 상당한 성과를 축적하였다. 인지과학은 여러 학문 분야들이 융합적으로 연구를 진행하며 그 핵심 주제는 '지능'에 대한 탐구이다. 그렇다면 지능이란 무엇인가. 지능을 어떻게 정의할 수 있을까.

프랑스의 심리학자 알프레드 비네(Alfred Binet, 1857~1911)는 테오도르 시몽(Théodore Simon, 1873~1961)과 함께 지능 검사의 기초인 '비네-시몽 척도'(Binet-Simon Scale)를 1905년 발표한다.[3] 이 기초는 오늘날 '지능지

수'(Intelligent Quotient)의 효시이다. 비네와 시몽에게 '지능'은 일반적인 문제해결 능력을 뜻한다. 그러나 지능 검사의 개발이 지능의 본질에 대한 근원적 해명은 아니다. 실로, 아직도 인지가 무엇인지, 지능이 무엇인지를 명확하게 정의하기란 그리 녹록한 일이 아니다. 어떤 학자들은 지능을 "지능검사로 측정되는 그 무엇"[4]으로 정의할 수밖에 없다는 다소 수동적이고 현실 타협적인 주장을 내놓기도 한다.

세상에 존재하는 모든 지식을 다 모으면 지능이 된다고 생각할 수 있다. 지능이란 지식의 총합이라고 정의하는 것이다. 구글이나 위키피디아를 보면 이런 주장에 다소 힘이 실리게 된다. 모르는 개념, 모르는 단어를 넣으면 친절하게 정의는 물론, 역사와 용례까지 상세하게 설명해 주는데 이보다 더 지능적인 것이 있을까? 그러나 지식의 모든 총합이라도 지능에 미치지 못한다. 지능은 그런 지식들을 이용해서 문제를 해결하는 과정도 포함하기 때문이다.

그렇다면 지능을 문제해결 능력과 동일시할 수도 있을까? 어려운 산수 문제를 풀고, 갈 곳을 알려 주며, 멍청한 질문에도 지혜롭게 답하는 시리(Siri)를 보면, 아주 지능적이라는 느낌을 절로 갖게 된다. 지능은 곧 문제를 해결해 주는 이런 능력을 말하는 것 아닐까? '지식'과 '지능'을 혼동하는 것보다는 진일보한 관점이겠지만, 지능을, 특히 인간의 지능을, 문제해결 능력으로 보는 것은 아직도 뭔가 부족하다. 인간의 지능은 주어진 문제들을 해결하는 데 그치지 않는다. 그 문제들을 알아내고, 풀어야 할 문제들을 선택한다. 이렇게 문제를 파악하고 해법을 모색하는 일은 지능적인 체계가 환경에 적응하는 데 필수적인 요소이다. 이렇게 환경과의 상호작용을 통해 적응하는 능력이 바로 지능이다. 지능을 처해진 환경에 적응하기 위해 상호작용하는 능력이라고 개념화하면, 인간의 지능에서 몇 가지 중요한 특징들이 드러난다.

첫째, 인간 지능은 매우 다양한 기능을 포괄하며, 현존하는 지능 체계들도 매우 다양다기한 양상을 보인다. 적응해야 할 물적 토대인 지구 환경이 다양하기 때문임은 물론이다. 흔히 인간을 최고의 지능을 가진 만물의 영장이라 지칭하지만, 지능의 다양성이라는 측면에서 보면, 최고 수준의 지능이란 정의하기 나름이다. 예를 들어 지능 검사마다 빠지지 않고 등장하는 대표적인 인지 기능인 시공간 기억력을 생각해 보자. 시각 단기 기억(Visual Short Term Memory, VSTM)의 최대 용량은 한정되어 있기 때문에, 사람의 경우 평균적으로 시각 자극에 대한 정보를 네 개까지 동시에 유지하여 활용할 수 있다.[5] 그런데 침팬지는 이 용량이 사람의 두 배가량 된다. 시각 단기 기억력만으로 본다면 침팬지가 인간보다 훨씬 고등한 지능을 가졌다고 할 수 있다.

흥미로운 것은 침팬지나 인간보다 생명나무에서 더 먼저 분지해 나간 원숭이의 시각 기억 용량이 사람과 비슷하다는 점이다. 침팬지나 인간이나 모두 원숭이보다 훨씬 큰 뇌를 가지고 있는데[6] 침팬지는 원숭이보다 커진 뇌를 시각 기억 기능에 투자한 반면, 사람은 뭔가 다른 데 투자한 것으로 보인다. 그 결과, 침팬지들은 나무를 타고 빠르게 튀어 다니는 원숭이를 사냥해서 잡아먹을 수 있도록 적응한 반면, 사람은 그렇지 못하다. 사람들도 원숭이를 잡아서 뇌과학 실험을 할 수 있는 걸 보면, 인간의 뇌도 원숭이보다 잘하는 뭔가를 발전시킨 것은 분명하다. 핵심은 세상에 존재하는 지능체계들은 매우 다양하다는 점, 그리고 적응해야 하는 환경이 지능의 다면성의 근본적 원인이라는 점이다.

둘째, 인간의 지능은 각별히 사회적이다. 다른 동물들의 지능에 비하여, 인간 지능에서 유별나게 발달한 것은 언어를 비롯한 사회적 소통 능력들이다. 역시 침팬지와의 비교를 통해 그 차이를 분명하게 관찰할 수 있다. 침팬지도 여러 가지 기술들을 숙련해서 습득할 수 있지만, 개체 간 전파, 세대 간 전승은 매우 제한적이다. 문화적 성과의 공유와 축적에 근거하여 인간이 문명을 발달시킨 것과 대비된다. 예를 들어 인간이 다소 복잡하고 번거롭더라도 처음 배운 방법을 그대로 따라 하는 것은 침팬지의 학습 방식과는 다른 인간만이 가지는 독특한 점이다. 효율적이든 아니든 배운 것을 수행하는 방식이 독특한 인간의 학습 방식이다. 바로 이것이 인간의 '학습'과 '교육'의 특징이기도 하다.

여기에서 인간의 가장 큰 특질 중 하나인 '상호주관성'이 등장한다. 한 개인이 가진 지능은 개인으로서 가진 것이 아닌 인류로서 가진 것이다. 이것이 극대화되어 인류는 교육을 하고 사회를 구성한다. 이는 침팬지에게서는 관찰되지 않는 인간만의 고유한 행동이다. 교육자와 피교육자 사이에 이런 상호작용이 인간 사회에서 일어났기 때문에 문명이 탄생, 발달하고 기술 진보가 가능했다. 결론적으로, 인간의 지능은 한 개인의 뇌 속에 존재하는 것이 아니다. 뇌들 간의 소통, 협력, 전승을 통한 집단 활동의 외화된 표상 체계들이 인간 지능의 필수적이며 본질적 특질이다.

셋째, 인간은 지능을 통해 현실을 부정하고, 대안을 창출한다. 환경의 제약과 도전을 개조하고 극복해 내고, 대안을 찾거나 상상해 내는 것이 인간 지능의 본질적 특질이다. 감각적 현상들을 개념적 범주들로 추상화하고, 무질서해 보이는 사건들에서 규칙적 상관관계를 논리적으로 밝혀내며, 주어진 현실에 머무르기보다 초월적, 가설적 세계를 상상하는 것이야말로 인간만이 가진 고유한 지적 능력들이다.

넷째, 여러 능력을 총괄할 수 있는 능력이 인간의 주요한 특질이다. 기억능력, 수리능력, 음악성, 신체적 능력 등은 동물들에도 상당한 부분이 발견되지만, 이 모든 능력을 동원하는 '인지조절능력'은 인간에게서 특히 잘 나타난다. 더 나아가 단위의 능력들을 사용해 문제를 해결하고 문제를 해결하기 위한 알고리즘을 구성할 수 있는 능력 역시 인간에게서 두드러진다. 한 단계 더 높여 스스로 이러한 조절능력을 갖고 있다는 점을 인식하는 '반성적 마음'(reflective mind)은 인간에게만 나타나는 특징이라고 할 수 있다. 진화를 개체들의 경쟁을 통한 자연적 선택으로 이해하는 것은 단견이다. 진화에서 필수 불가결하고 본질적인 기제는 오히려 환경에 적응할 수 있는 개체들을 생산하고 길러내는 것이라고 보아야 한다. 진화는 개체를 계속 생산해 내고 개체 간 변이와 반복을 통해 다양한 차이를 만들어 내는 종의 변화이다.

이러한 관점에서 인간 지능은 풍부하게 진화한다. 그리고 이 또한 현실 부정/극복과 대안 창출의 과정이다. 다양성의 창출과 유지는 유전형의 변이들을 통해 온갖 종류의 표현형들을 생산함으로써 이루어지기도 하고, 상상을 초월하는 기발한 행위 양식들을 창안해 내는 지능을 통해 성취될 수도 있다. 이런 모든 과정들이 환경에 적응하는 개체들을 확보하는 데 기여하고, 이를 통해 지구상에서 존재했거나 존재하고 있는 수많은 종들이 창조된 핵심적 기제이다. 현실 부정적이며 대안 창출적인 인간의 지능은 모든 생명체에게 부여된 실존적 실천의 연장선상에 있다. 존재를 유지하고 재생산하는 것이 생명체에게 절대 선이라 한다면, 환경의 제약과 도전을 극복하고 이 절대 선을 추구하는 것이 인간을 포함한 모든 생명체가 보여주는 지능의 본질적 의미이다.

2. 인간의 지능과 신의 지능

알파고와 같은 인공지능 발전의 인간학적 의미는 무엇일까. 모든 도구는 인간 능력의 한계를 넘어서기 때문에 유용하다. 따라서 알파고가 이세돌을 이긴 것은 인류에 대한 위협이나 도전으로 볼 것이 아니라, 오히려 인간 스스로 자축해야 할 일이다. 인공지능 기술이 이제야 그나마 가치 있는 도구가 될 가능성을 인정받았기 때문이다. 물론 인간들이 도구로 개발한 핵무기가 인류의 종말을 위협하고, 역시 도구로 발명된 화석연료 소모 장치들이 지구 전체의 환경을 불가역적으로 파괴하고 있는 현실을 생각하면, 인공지능의 도구적 발전이 어떤 미래로 귀결될지 우려되는 바도 있다. 이런 각도에서 인간의 역사를 반추할 때 분명해지는 것은 그 미래에 도달하기까지 인공지능의 기술적 요인과 함께 사회, 정치, 경제, 문화의 영역을 포괄하는 인간의 실존적 실천들이 훨씬 더 중요하게 작용하리라는 점이다.

인공지능은 인간의 지능이라는 형태 중에서 아주 국한된 내용에 제한되어 있다. 특히 인공지능이 아무리 발전을 한다 해도 인간 지능을 대체할 수 없다는 견해가 지배적이다. 분명 알파고로 표현된 인공지능 기술의 발전은 인간 지능의 확대이다. 하지만 이는 계산 지능의 발달에만 국한된 매우 제한적이고 일면적인 연장이다. 즉 인지과학의 관점에서 볼 때 알파고에서 발전시키고 있는 지능의 내용은 소위 계산 지능 혹은 연산 지능이다. 예를 들어 알파고가 아무리 발전을 해도 스스로에 관련된 의지력을 가질 수 있을까. 이에 대한 회의적인 입장이 많다. 이러한 계산 지능과 의지력 혹은 생존본능은 서로 질적으로 다르다. 알파고 같은 인공지능이 무한대로 발전한다고 하여도, 그것이 인간을 지배하는 체계로 발전하는 것은 불가능해 보인다.

계산 능력의 증가를 통해 문제해결 능력은 훨씬 많이 발전하겠지만, 어떤 문제를 풀어야 하는지를 선택하고 결정하는 것은 여전히 인간이다. 특히 신경인지적 관점에서 인간의 지능은 복잡계 속의 생명현상으로 해석될 필요가 있다. 지능은 스스로 생명을 유지하려는 체계적 본질과 연결된다. 이는 환경에 대한 적응체계이며, 바로 이 의미가 인간됨 그 자체로 해석될 수 있다. 사태를 해석하고, 문제를 인식하며, 해법을 강구하는 데 계산 능력을 활용하고 책임지며 그 문제를 풀어내는 것은 주체적 의지적 존재인 사람들이 할 일이다. 진정한 의미의 지능은 지금-여기에서 풀어야 할 문제를 규정하는 것이고, 해법들을 찾는 것이며, 최선의 실천을 선택하는 것이다.

신학과 교회의 역할은 현존재들의 고통에 공감하여 지금-여기의 유한성을 드러내고, 현실의 대안적 해체가 필연적임을 증언하는 것이다. 신학과 교회의 위기는 고통의 유한성과 구원의 필연성을 망각하고, 지금-여기에 매몰되거나 영합할 때 찾아올 것이다. 현대 사회가 알파고 현상에서 드러난 단면적인 피상적 인간 이해를 넘어서, 인공지능의 진정한 자리매김을 찾아 나아가는 데 신학의 중요한 기여가 요구된다.[7]

신학은 신앙의 감각(*sensus fidei*)을 주목해 왔다. 이 인공지능의 시대 그리스도교가 감성-지성-영성의 지위와 가치를 얼마나 적극적으로 재해석하고 새롭게 발굴했는지를 반문한다. "우리는 우리의 신경망이 도달하는 정도만큼 우리를 고통으로부터 안전하게 보호할 수 있다"[8]고 니체는 말했다. 나의 신경조직이 타자에까지 미친다면 나는 그에게 해를 입히지 않을뿐더러 그와 공감하고 연대할 것이다. 그러므로 영적 신경조직의 구축과 심화는 현존재들의 고통의 공감과 극복을 향한 중요한 모색이다. 그리스도교의 해석학은 삶을 둘러싼 문제해결 과정의 최종적인 깊이와 새로운 삶의 '감수성'[9]에 관련되어 있다.

인공지능의 도전이 가속화된 21세기는 그리스도교 인간론에 있어서 영성에 대한 폭넓은 재해석을 강하게 요청한다. 특히 체화된 인지를 넘어선 체화된 사회적 영성을 신학은 새롭게 구상해야 한다. 그 영성은 인간과 사회와 지구문명 전체를 향한 영적 신경망의 감수성과 관계하기 때문이다. 현존재들의 고통에 공감하는 사회적 영성에 대한 재구성, 그것이 진정한 신의 지능을 찾는 신학의 과제이다.

Ⅲ. 인간의 본성: 인간중심주의를 넘어

1. 인간중심주의: 존재론적-윤리적 지위

인간중심주의에서 인간은 어떤 의미로 중심적인가? 아마 가장 쉽게 떠오르는 것은 인간이 진화의 최종점에 있다는 의미일 것이다. 호모 사피엔스는 우주의 시작인 빅뱅으로부터 유래한 자동성이 없는 물질로부터 시작하여, 지구의 온갖 복잡한 생명체들에 이르는 장구한 진화 과정의 최종적 단계라고 간주된다. 우주에서 유일무이하게 인간만이 의식, 합리성, 그리고 반성 이성을 갖추고 있다는 점에서 더욱 그렇다. 이렇게 존재론적으로 보아 본질론에 해당하는 관점을 가지면 매우 매끄럽게 다음과 같은 윤리론적 주장으로도 연결된다. 인간을 다른 것들의 수단이 아니라 목적으로 간주해야 하며, 자연의 모든 것들은 인간에 봉사한다.

인간의 주체 의식에 의해 세계가 구성되며, 인간이 없다면 그 의미나 가치도 소실된다고 관념 철학은 주장한다. 부끄러운 줄 모르고 자기를 고양시키는 이런 인간중심주의적 주장들을 그나마 다소 정당화시키는 것은 스스로에게 부여한 소명 의식이다. 생태적 우주의 유지와 보존을 위해 우리 인간들이 책임지고 성실히 관리해야 할 능력이 있으며 반드시 그리해야 한다. 이런 일련의 생각들에 따르면, 인간이 존재해야만 하는 존재 이유가 인간 자신까지 물론 포함하는 우주 전체의 존재 그 자체에 근원적으로 연결됨을 깨닫게 된다.

인간중심주의를 옹호하는 주장들은 르네상스와 계몽주의 이후로 여러 색채의 모더니즘적인 휴머니즘들에 무의식적인 가정으로 포함되어 있거나, 명시적으로 내세워져 왔다. 그 이후 포스트모더니즘적인 휴머니즘의 여러 사상들도 인간 중심적이라는 점에서 모더니즘적인 휴머니즘들과 별반 다르지 않은데, 후자가 인간의 합리성을 낙관적으로 신뢰하는 반면, 전자는 전혀 그렇지 않다는 차이가 있을 뿐이다. 일부 포스트모더니스트들은 인간 합리성에 대한 모더니스트들의 맹목적인 신뢰를 심히 비판하지만, 대부분의 포스트모더니스트들은 현시대를 사유함에 있어 인간이 누리고 있는 주도적인 지위를 암묵적으로 승인해 왔다.

최근의 많은 실험 및 관찰 연구들을 통해 인간이 매우 비합리적임이 드러났다. 지능이 매우 우수한 사람들, 예를 들면 최상급 대학들의 학생들, 확률 계산에 아주 능하다는 것이 입증된 성공적인 투자자들, 그리고 복잡하고 정교한 논리적 분석을 수행할 능력을 보유한 철학자들조차 비합리적인 인지 편향을 극복하지 못하고, 전혀 엉뚱한 선택을 하는 경우가 자주 관찰된다. 그럼에도 불구하고 합리성에 근거한 휴머니스트들이나 신비주의적 신념에 경도된 휴머니스트들 모두가 인간이 무엇보다 우월하다는 교조화된 신념만은 굳건히 견지한다.

예를 들어 일찍이 모더니즘에 의해 사망 선고를 받았음에도 불구하고 새삼 부흥하고 있는 종교와 신학에서도 휴머니즘적인 성향은 더욱 강화되고 있다. 인간적인 문화 취향에 맞고, 비인도적인 행위들을 멀리하고, 인간의 존엄성을 존중하기만 한다면, 어떤 교리의 종교든 어떤 영성의 신앙이든 거의 무조건 용인되고 환영받는 시대가 되었다. 이렇게 휴머니즘이 재발흥하는 시대적 분위기를 배경으로, 우주론자들은 과학과 종교의 연대를 새롭게 강화하고자 하는데, 광대한 우주를 통틀어 진리를 찾아 나서서 인간의 위대성을 더욱 확증해 보려는 노력에 불과하다.

2. 인간중심주의의 그늘: 권리와 배제

인간중심주의는 무슨 문제를 지니는가. 능력 있는 인간들이 당연히 왕좌에 앉을 자격이 있으니, 우주와 인간 자신을 위해 세계를 통치해야 마땅하지 않은가. 인간중심주의는 철학으로서 오류일 뿐 아니라, 윤리와 정치적 실천에서도 문제가 심각하다. 철학으로서 필수 불가결한 요소, 즉 보편적으로 적용 가능한 원칙이어야 한다는 일관성이 결여되고, 실천적 관점에서 볼 때 우주를 창조적으로 재생해 내는 데 기여하기는커녕, 지구상에서 우리 자신의 종을 유지하는 것조차 불가능할 정도로 위험하기 때문이다.

이론적 오류와 실천적 위험성은 서로 불가분의 관계에 있다. 실천적인 위험들은 우매하고 둔감하거나 사악한 인간 개인들에 의해 우연히 만들어지는 것이 아니다. 인간중심주의의 잘못된 세계관에 따라 교만함이 가득한 경제 제도, 단체, 민속적 관행들이 만들어지고, 이런 사회적 수준의 유기체들이 오직 소아적 자기 이익만을 추구하며 그 집단적 힘을 발휘하기 때문에, 이들로 구성된 현대 사회들은 심각한 자기 분열과 자기 파괴의 위기들에 거의 필연적으로 봉착한다.

그렇다면 권리는 무엇인가. 권리는 '누릴 만한' 존재들에게 부여된

훈장인가, '배제된' 존재들에게 주어지는 선물인가. 인간중심주의는 권리의 이념이 잘못 확장된 결과인 듯하다. 계몽주의 시대 이후, 자격을 가진 특정 존재들에게 불가침의 권리들이 보편적으로 부여된다는 이념이 생겨났다. 천부인권의 이념은 여러 휴머니스트 운동들에서 강력한 힘을 발휘하였는데, 이런 사회적인 운동들이 굳이 인간의 범주에만 머물러야 할 논리적 근거는 없다. 천부적 권리가 부여되어야 할 범위는 이제 훨씬 넓어져서, 동물, 식물, 그리고 미생물 등 모든 생명체를 포괄하고, 심지어 강이나 산, 전망이 좋은 자연경관들까지 그 대상에 포함되어야 한다고 일부 환경론자들은 주장한다.

이렇게 휴머니즘이나 환경주의를 따라 불가침의 권리를 확장하자는 주장이 왜 문제적인가. 다음의 질문들을 던져 보면 명확해질 수 있다. 누가 누구에게 그 권리들을 부여하는가, 그리고 누가 누구의 권리를 침해하기에 불가침성을 주장하는가. 인류 전체, 혹은 보편적 인간 존재—전통적으로 신이라 표상되어 왔던 어떤 것—만이 권리들을 부여할 능력과 의지를 가질 수 있다. 그렇다면 누구에게 권리들이 부여될 수 있나. 당연하게도 현재 권리가 없는 이들, 즉 특권과 힘이 없고 사회적으로 아직 적법성을 확인받지 못한 이들에게만 그런 권리들이 부여될 수 있다. 그렇다면 누가 이들의 권리를 방해하거나 침해하는가. 이 또한 당연하게도 특권과 힘, 즉 권력을 이미 누리고 있는 자들만이 그렇지 못한 사람들로부터 권리들을 침탈하거나 차단할 수 있다. 이런 점에서 권리는 사회적으로 결정되고 분배되는 것인데, 힘없는 자들에게 권리를 누릴 자격이 있고 힘 있는 자들은 그렇지 않다는 것은 자명하다.

그런데 여기서 이해해야 할 가장 중요한 요점은, 권리들이 그 정당한 피수여자들에게 부여되어 그들이 특권과 힘을 갖추게 되면, 더 이상 그 권리를 주장할 근거가 사라진다는 점이다. 이제 곧바로 그 권리의 자격은 힘이 더 없는 이들에게로 옮아가며, 이런 권리 전이의 과정들은 지속된다. 권리는 훈장처럼 오래 혹은 영구히 소유하는 것이 아니다. 당장 힘과 권한이 없는 이들에게 주어지는 구호물자, 보조금, 즉 선물이다. 권리에 합당한 자들이 권리를 소유하는 것이 아니라, 힘과 특권이 없는 이들에게 권리를 누릴 자격이 값없이 주어진다.

이런 점에서 본질주의적 권리 이해는 인간 중심적인 휴머니스트들과 일부 환경주의자 주장의 논리적 오류이다. 어떤 사람들 혹은 사물들이 그 속성이나 능력을 근거로 권리를 부여받고, 부여받은 권리들은 소유하는 것처럼 생각한다. 그러나 권리는 자격 있는 이들의 소유물이 아니라, 권리 없는 이들이 힘 있게 되도록 만드는 과정이다. 따라서 누가 혹은 무엇이 어떤 권리에 합당한가를 따지는 것은 무의미하다. 오히려 그렇게 따지는 동안 만들어지는 테두리들의 바깥쪽에 누가 혹은 무엇이 배제되고 있는지를 숙고해야 한다.

Ⅳ. 인간의 미래: 기술과 생명

1. 기술의 지위

유사한 방식으로 인간중심주의는 인간, 환경, 그리고 기술 사이의 관계도 오해한다. 흔히 인간의 본성, 인간성, 그리고 인간다움을 중심에 놓고, 자연, 환경, 그리고 기술을 구별하여 그 반대편 주변에 배치한다. 마치 이것들이 분리 가능하며, 독립적인 개체들인 것처럼 해석한다. 이런 관점에서는 이들 사이의 창조적이고 재생적인 상호관계가 무시된다. 이런 상호관계는 더 깊고 넓은 철학적 분석을 통해서만 이해될 수 있는데, 예를 들면 르루아-구랑(André Leroi-Gourhan, 1911~1986), 하이데거(Martin Heidegger, 1889~1976), 화이트헤드(Alfred North Whitehead, 1861~1947), 시몽동(Gilbert Simondon, 1924~1989), 그리고 스티글러(Bernard Stiegler, 1952~2020) 등이 제기한 해석들이다.

이들 사상가들에 의하면, 기술을 단지 유용성의 도구로만 바라보는 것은 '테크네'(τέχνη), 즉 살아감의 기술의 진정한 면모를 놓치는 것이다. 테크네를 통해 물리적 힘들이 인간의 실존과 경험을 구성하는 실제 과정들로 구체화된다. 기술은 인류와 대립적 관계가 아니다. 사회경제적 관점에서 기술은 노동의 산물이다. 기술과 인류는 공진화의 관계라는 분석 속에서 인간의 참된 본질이 해명된다. 이렇게 기술에 의해 힘이 발휘되는 근원발생적 과정을 시몽동은 '구체화'(concretization)[10], 화이트헤드는 '공동창조'(concrescence)로 표현하였다.[11] 이 상호작용의 과정에 '인간적인 것', '물리적인 것', '기술적인 것'이 모두 합쳐 융합된 일체로 나타나서, '퓌시스'(φύσις), 즉 물리적 세계 속에 잠재한 무한한 가능성들 중 하나를 실재화한다.

물론 이 세 가지 존재들 또한 물리적 세계에 있고 물질로 구성된다. 이런 융합된 상호작용 과정에서 인간이 기술을 발명하는 데 참여하는 동시에 기술에 의해 그 인간이 발명된다. 따라서 이 과정을 인간이 단독적으로 조정하거나 소유할 수 없고, 그 과정의 결과물도 난독적으로 조정하거나 소유할 수 없다. 이 점을 이해하지 못하거나 잊어버리면, 우리는 마치 우리가 기술을 소유하고 있는 양 생각하고 행동하게 된다. 그리고 우리가 기술을 더 개발해서 우리 자신을 더 향상시킬 수 있고 또 그래야 한다고 자주 쉽게 주장한다. 또, 기술을 더 발명하면 위험한 기술들을 제어할 수 있다거나, 기술의 운명은 우리가 결정할 수 있다고 오해하기도 한다. 이런 순진하고 인간 중심적인 주장들은 기술이 인간에 종속되어 있다고 보는 관점이다. 그러나 하이데거에 따르면 기술은 우리 실존의 사실성과 역사성을 규정하는 중요한 요인들이기에 우리로부터 독립적이기도 하다.[12]

우리는 기술이 공동 진화 과정을 통해 (시몽동의 의미에서) 정보화 혹은 모양 갖춤이 될 때, 환경과 그 속에 포괄된 우리 자신이 어떻게 변화하는지 면밀히 감독할 필요가 있다. 그 과정 중에 우리 자신의 재생산과 재생에만 지나치게 몰입하게 되면, 세상 속에 우리와 함께하는 타자들이 우리의 시야에서 사라져 버리거나 왜곡될 수 있다는 점에 각별히 유념해야 한다. 이 타자들 덕분에 현재와 미래에 우리 자신 존재의 재생산과 재생이 보장받게 됨을 잊어서는 절대로 안 된다.

2. 생명의 연장

생명 연장의 꿈은 포스트휴먼 시대의 중요한 이슈로 부각되고 있다. 특히 트랜스휴머니즘의 관점에서 주목하는 것은 인간 자체의 개조를 통한 포스트휴먼의 준비이다. 이 흐름에서 주로 논의하고 있는 것은,

인간의 신체와 수명, 인지 기능의 향상을 위한 가능성 탐색이다. 트랜스휴머니즘은 인간 역량(Human Enhancement)을 위한 기술적 사회 운동으로 전개되는 측면이 있으며, 포스트휴머니즘은 미래에 대한 거시적 구상과 전망으로 전개되는 측면이 있다. 인간의 현 상태를 개조하려는 포스트휴먼 시대의 지향점들은 다음과 같이 요약될 수 있다. 첫째, 인간 지능의 한계를 극복하는 초지능적 존재의 창조. 둘째, 인간 수명의 생물학적 한계를 넘어서는 영생불멸의 추구. 셋째, 인류 지속의 환경적 한계를 지구 생태계로부터 우주로 확장. 이미 미국과 서유럽에서는 이러한 지향점들을 위한 기술 개발에 총력을 기울여야 한다는 주장과 담론들이 정치적 움직임으로 세력화하고 있다.[13]

그러나 포스트휴머니즘, 트랜스휴머니즘 속에 숨겨진 신자유주의적 사고 혹은 소비자주의에 대한 비판적 고려가 요구된다. 인간의 노력과 실천이 간과된 자본 중심주의와 기술에 대한 집중이 지향하는 신자유주의적 사고는 인간의 미래를 모색하는 긍정적 담론이 될 수가 없기 때문이다.[14] 또한 인류 전체에 대한 시각의 고려가 배제된 경쟁주의적 사고에 대해서도 비판적 성찰이 필요하다.[15] 트랜스휴머니즘의 주요 의제인 인간 향상과 생명 연장에 관해서도 생명의 조건에 대한 심화된 인식을 바탕으로 전개되어야 할 필요가 있다. 인공지능의 사회적 공존 문제나, 사회, 환경, 지구에 관련된 문제들을 포스트휴머니스틱한 관점에서 매우 폭넓게 바라보고 다루어야 할 필요가 있다.[16]

생명은 구체적인 개체들이 재생산되면서 새롭게 유지된다. 화이트헤드와 시몽동에 따르면, 개체들의 공동창조는 잠재성으로부터 실재성으로의 정보화(in-formation, 모양 갖춤)이다.[17] 이런 개체 형성의 과정은 확률적이어서, 변이, 실패, 그리고 죽음의 위험이 가득하다. 실재화의 결과인 산출물들은 탄생과 성장, 죽음에 이르는 제한된 시간 동안만 존재하는 한시성을 가진 반면에, 개체들이 재생산되면 이미 존재하고 있는 세계 속에 더 많은 잠재성이 창조되고 덧붙여지기 때문에 생명의 시간은 그 개체들을 통해 끊임없이 연장되어 영속성에 점근(漸近)한다.

죽을 수밖에 없고, 단지 한시적인 일생을 살아가는 개체들에게 지속가능성은 없다. 항상 계통 발생의 과정 속에 처해 있는 종의 수준에서도 지속가능성이란 단지 대략적일 뿐이다. 같은 종에 속한 어떤 두 개체들이 완전히 같을 수 없으므로, 진화의 과정 속에서 개체들의 집단인 종들이 시간을 초월하여 동일하게 유지될 수 없다. 현 우주의 시공간적 구조와 양자 역학적 확률성의 관점에서 보면, 사실 모든 물체의 동일한 지속도 단지 추상적 개념일 뿐이다. 모든 존재는 시간을 초월하는 상수로서가 아니라, 끊임없이 재구성되고 재생산되는 시스템의 동적 항상성(*homeostasis*)으로 실현된다. 따라서 지속가능성을 현재 실존하는 현존재들의 지속적인 보존으로 오해하면 안 된다.

이 세계의 현재 순간에는 아직 아니지만 같은 세계의 다음 순간에서 실재화될 잠재성들을 영속적으로 증가시켜야만, 현 존재들의 미래가 보장된다. 이 미래는 지속가능성의 목표이기도 하고, 모든 존재의 의미를 담지하는 바이기도 하다. 잠재성에서 실재성으로의 전환에서 창조적으로 재생산된 실재체들이 아무리 불완전하고, 불구이며, 괴상하더라도, 그 실재체들이 없으면 존재도, 그 존재의 의미도 없게 되고, 결국 죽음, 즉 '없음'뿐이다. 따라서 인간의 지속가능성도 다른 존재들의 미래를 재창조하기 위해 위험을 무릅쓰고 자기를 부인하는 선택을 감행하는 인간 개체들의 겸손함에 의존한다. 미래는 현재 희생하는 존재들에게 거부될 것이지만 타자들에게 값없이 주어져서 향유될 것이다. 마치 과거에 희생한 존재들 덕분에 내게 나의 현재가 값없이 주어진 것처럼. 이렇게 미래의 타자들이 '나'의 연장을 구성할 것이다. 마치 내가 살지 않았던 '나'의 과거가 현재의 '나'를 구성하는 것과 똑같은 방식으로.

이렇게 분석해 보면, 인간중심주의의 가장 잘못된 점은 자기 충족, 자기 만족, 자기 통제라는 착각들이다. 우리의 남은 질문은 이것이다. 어차피 우리는 다 인간들인데 어떻게 인간중심주의를 벗어날 수 있겠는가? 확실히 벗어날 수 있다. 인간이든 인간이 아니든, 생물이든 무생물이든, 하나밖에 없는 이 세계 속에서 생명을 공유하는 많은 타자들과의 관계망 속에서 우리가 '겸손'해지면 된다. 겸손의 어원은 흙(humus)이다. 아담, 그리고 인간은 흙에서 왔으며(창 3:23) 흙으로 돌아간다. 우리가 인간임을 벗어날 수는 없지만, 스스로를 중심에 두는 태도를 극복하면 '인간중심주의', 더 나아가 '인간우월주의'(*human supremism*)를 벗어날 수 있을 것이다.[18]

V. 나가며

지능의 본성을 탐색하는 관점에서 인간 지능과 인공지능의 새로운 관계와 동맹의 모색은 흥미로운 주제일 수 있다. 그러나 인간과 인공에 대한 대립적 논쟁보다 더 중요한 것은 인간과 인공이 함께 공동의 창조적 미래를 여는 것이다. 또한 인공지능의 급속한 진화에서 인간 지능의 고유한 의미와 책임적 과제를 찾는 것이다. "지능"이란 무엇인가. 인간의 평균 지능지수(IQ)는 세대를 거쳐 향상된다.[19] 우리의 지능은 부모 세대의 지능보다 높다. 미래 세대의 지능은 우리의 지능을 앞지를 것이다. 그러나 여전히 인간은 지능이 무엇인지 온전히 파악하지 못한다. 우리의 지능은 지능 자신을 모두 이해하지 못했다. 지능의 해명을 위한 다양한 실험과 연구가 진행되고 있다. 신경인지적 관점에서 인간의 지능을 본다면, 인간의 지능은 생명현상의 복잡계 속의 종합적 활동으로 해석된다. 지능은 스스로 우주와 자연에서 생명을 유지하려는 체계적 본질의 구현이다. 환경의 적응체계로서의 지능, 바로 이것이 인간됨 자체일 수 있다.

우리 시대 지능의 이미지는 사뭇 제한적이다. 알파고가 보여준 지능은 인간을 압도하는 무시무시한 수학적 연산 능력에 기반을 둔 계산지능이다. 그러나 계산지능은 지능의 일부일 뿐이다. 오히려 지능의 본성은 오브제를 넘어선 정신의 메타적 반성의 성격과 연결된다. 거기에는 계산, 분석, 종합, 의지, 도덕, 심미, 그리고 가장 고양된 종합적 판단과 영혼의 결단으로까지 육박해 들어간다. 그래서 인간은 셈을 하지만 동시에 생의 환상을 보며 예언을 한다.

종교적 감수성은 지성의 깊은 심연에 관련된다. 지능의 영점, 개념의 소실점 쪽의 음각은 부득이하게 상징적이거나 영적인 사유를 동반한다. 하지만 종교적 감수성은 지능의 해체를 뜻하지 않는다. 지능의 경계를 확장한다는 것은 인간의 인식과 행위를 신비주의적으로 퇴락시키는 것이 아니다. 오히려 현실을 가장 종합적으로 보기에 종교적 인식은 분명하고 행위는 명료할 수 있다. 나를 둘러싼 삶에 대한 종합적이며 확고한 직시가 가장 고양된 종교적 감수성의 산물이다.

우리의 지능지수(IQ)는 부모보다 향상되었다. 우리의 진정한 지능은 더욱 과거보다 진화했는가. 인간의 지혜와 영적 심미안은 더욱더 깊어졌는가. 고양된 종교적 감수성으로 지금 여기 펼쳐지는 수많은 고통에 민감하게 반응하고 공감하는가. 현실을 진정 종합적으로 인식하고 새로운 대안을 꿈꾸는 우리의 상상력은 과거보다 얼마나 향상되었나. 인공지능의 도전은 지능과 지성의 본질을 다시 신학적으로 묻게 한다. 그리고 그 질문은 삶과 세계와 총체적으로 연결된 깊은 마음과 지성, 그리고 그와 관련된 신의 지혜를 요청한다.

그러므로 인간의 지능을 구현한 인공지능의 한계를 직시하듯, 인간 너머의 신의 지혜를 동시에 직시할 필요가 있다. 헤라클레이토스는 "인간의 본성은 지식을 가지고 있지 않지만, 신의 본성은 그것을 가지고 있다"고 말한다.[20] 인공지능이 인간에게 지능의 기능을 질문한다면, 신은 인간에게 지능의 의미를 질문한다.

이 연구는 근대적 휴머니즘의 기획이 얼마나 적실했는지를 질문하였다. 질문의 경로는 인공지능에서 인간의 지위로 확산되었다. 이 연구는 이 지점에서 인간의 지위에 대한 존재론적 전회와 재구성을 주목하였다. '인간중심주의'에 대한 비평은 물질과 생명의 무대에서 인간의 고유한 가능성을 찾는 방식과 연결된다. 신은 그 외의 것들에게 모든 것을 넘어선 전적인 타자이다. 분명 신의 이미지(*imago dei*)는 자연과 기술과 생명의 경계를 횡단하며 각각의 신경망과 구성요소를 끊임없이 해체하고 타자화한다. 그러나 이러한 초월적 시선은 환경과 기술과 생명의 정체성 상실을 의도하지 않는다. 오히려 새로운 방식의 환경, 기술, 생명의 커넥톰을 모색하는 사유의 강력한 발화점이다. 더욱 깊이를 지닌 지능과 생명의 신경망 구성의 과제가 우리 앞에 놓여 있다.

2

포스트휴먼 테크놀로지

홍성욱
(서울대학교 교수, 과학사 및 과학철학 협동과정, 과학학과)

1. 서론

최근 스마트폰 사용이 보편화되면서 스마트폰과 관련해 흥미로운 통계들이 속속 보도되고 있다. 한 설문조사를 보면 스마트폰을 사용하는 사람들 71%가 잠잘 때도 전화기를 옆에 둔다고 하고, 3%는 이를 손에 쥐고 잔다고 한다. 아침에 잠에서 깨서 맨 처음에 떠올리는 것이 스마트폰이라고 답한 사람이 35%였고, 전화기가 옆에 없으면 불안하다고 한 사람들도 66%에 달한다. 스마트폰이 없으면 불안해하는 증상을 가리켜서 '노모포비아'(No mobile phone phobia)라는 신조어까지 만들어졌다.[1]

스마트폰이 없을 때 불안함을 느끼는 데에는 여러 이유가 있다. 중요한 전화나 메시지를 못 받을 수 있고, 카톡방이나 밴드에 올린 소식을 놓칠 수도 있다. 저장해 둔 일정이 생각나지 않아서 낭패를 볼 수 있다. 지인에게 전화를 해서 일정이 맞는지 확인하고 싶어도 놓고 온 스마트폰에 전화번호가 저장되어 있어 전화를 할 수도 없다. 스마트폰은 단지 전화기가 아니라 나와 세상을 연결해 주는 기계이며, 나의 마음이 체화된 기계이다. 그래서 스마트폰을 두고 나오면 마치 세상과 일부 단절된 것 같은 느낌이 들고 불안해진다.

이런 현상은 분산된 인지(distributed cognition), 또는 확장된 마음(extended mind)이라는 개념으로 설명될 수 있다. 20세기 전반기에만 해도 정신이라는 것이 뇌에 국한되어 있다고 보는 관점이 대세를 이루었다. 그러나 20세기 후반기에 이런 뇌중심주의를 비판하면서 정신이 우리 몸에 체화되어 있다고 보는 체화된 마음(embodied mind) 이론이 등장했다. 분산된 인지는 여기서 더 나아가 우리 정신이 몸뿐만 아니라 환경에까지 확장되어 있다는 개념이다. 인류학자 허친스(Edwin Hutchins)는 카누를 타고 망망대해 태평양을 여행하는 미크로네시아인에 대한 연구에서 이들이 다른 도구 없이 산호의 색깔, 냄새, 별자리, 바람, 파도를 이용해 길을 찾는 것을 보고, 이들의 인지가 이런 자연 환경에 분산(distributed)되어 있다고 해석했다. 확장된 마음 이론은 이런 분산된 인지 이론을 인지에서 마음의 작동 전체에 대한 것으로 확대했다. 확장된 마음 이론에 의하면 우리가 사용하는 핸드폰, 컴퓨터 등은 우리 마음의 일부를 이루는 것이다.[2]

꼭 분산된 인지나 확장된 마음 이론이 아니더라도, 기술이 우리 삶과 인지에 큰 영향을 미치고 있으며 이런 넓은 의미에서 기술이 우리 몸과 마음의 일부를 구성한다고 볼 수 있음을 부인할 사람은 없을 것이다. 그렇지만 이렇게 중요하고 또 편재적인 기술에 대한 철학적, 인문학적 분석은 많지 않다. 기술철학과 기술의 역사를 연구하는 학자들이 있지만, 이들의 연구가 인문학 전반에 스며들지 못하고 있으며 한국 학계의 경우에는 더더욱 그러하다. 본 논문은 이런 간극을 메우기 위한 작은 시도로, 인간-기술의 관계를 '포스트휴먼 테크놀로지'(posthuman technology)라는 개념으로 담아내고자 한다.[3]

포스트휴머니즘의 관점에서 기술을 이해하는 것은 기술을 인간과 함께 오랜 기간 공진화(co-evolution)했으며, 지금 이 순간에도 서로를 만들면서 진화하는 '반려종'(companion species)으로 보는 것이다. 기술을 이렇게 보는 관점을 '포스트휴먼 테크놀로지'라고 부를 것인데, 이 관점에 의하면 기술에 대한 이해는 인간에 대한 이해로 연결되며, 인간에 대한 이해는 기술에 대한 이해를 필수적으로 수반한다. 인간을 제외하고 기술에 대해 논하는 것이 기술결정론이듯이,[4] 기술을 제외한 채로 인간에 대해서 논하는 것은 메마른 인간중심주의에 다름 아닌 것이다. 포스트휴먼 테크놀로지는 다른 포스트휴먼 사상이나 감수성에서처럼 인간을 관계적 존재로 파악하는데, 인간이 기술과 맺는 관계인 '기술적 매개'(technical mediation)가 인간이 다른 인간, 동물, 자연, 영적인 존재와 맺는 관계만큼이나 중요하다고 간주한다. 기술은 새로운 관계를 만들어 내며, 동시에 기존의 관계를 무력화하거나 약화하거나 망각하게 만드는 역할을 수행한다.

본 논문의 2절은 페미니스트 과학기술학자 도나 해러웨이(Donna Haraway)의 '반려종'이라는 개념을 이용해서 포스트휴먼 테크놀로지가 담고 있는 인간과 기술의 관계를 해석할 것이다. 3절에서는 휴머니즘 전통에서 기술을 어떻게 이해했는지를 살펴보고, 이에 대한 비판으로 독일 철학자 마르틴 하이데거(Martin Heidegger)의 안티휴머니즘(antihumanism) 기술철학을 살핀다. 이어지는 4절에서는 포스트휴머니즘의 관점에서 기술에 대한 철학적 이해를 발전시킨 질베르 시몽동(Gilbert Simondon), 브뤼노 라투르(Bruno Latour), 베르나르 스티글러(Bernard Stiegler)의 기술철학을 간략히 소개할 것이다. 마지막으로 5절에서는 노인을 위한 반려로봇 '효돌'과 최근 사회적으로 논쟁의 대상이 되고 있는 '리얼돌'의 사례를 들어 인간과 기술의 상호구성에 대해서 살펴보면서, 포스트휴먼 테크놀로지의 개념적 유용성을 고찰해 보고자 한다. 결론에서는 이런 논의가 포스트휴머니즘을 포용하는 인문학에 주는 함의를 밝히고자 한다.

2. 인간과 기술의 공진화와 '반려종'으로서의 기술

인간과 기술의 공진화, 혹은 인간과 기술의 공동구성(co-construction)을 논할 때 빠지기 쉬운 함정이 인간중심주의다. 오랫동안 사람들은 인간과 동물의 차이를 강조하면서 인간만이 도구를 사용한다고 생각했다. 서양의 기독교 전통에서는 인간만이 신의 모습을 따라서 만들어진 만물의 군주였고, 인간만이 이성을 가지고 있으며, 인간만이 말을 하고, 인간만이 복잡한 도구를 사용한다고 생각했다. 19세기 이전의 대부분의 철학자와 과학자는 이를 의심 없이 받아들였다. 그런데 19세기 중엽에 진화론이 나오면서 인간과 동물의 차이가 새롭게 해석되었다. 진화론에 의하면 인간은 오래전에 다른 영장류 동물에서 갈라져 나온 존재였지, 신의 형상을 한 만물의 수장이 아니었다. 찰스 다윈(Charles Darwin)은 『인간의 유래』에서 침팬지와 개코원숭이 같은 영장류가 도구를 사용하는 것을 보고했으며, 이런 사례는 20세기에 들어서 다른 영장류, 코끼리, 까마귀 등에서 더 많이, 더 자주 발견되었다.[5] 지금은 인간만이 도구를 사용한다는 주장은 과학적 근거를 잃었다.

그렇지만 이렇게 인간중심주의를 비껴간 뒤에 다시 평가해도 인간이 사용하는 도구와 동물이 사용하는 도구 사이에는 상당한 차이가 존재하는 것은 분명하다. 영장류 중에서 돌을 사용해서 열매를 깨는 동물이 있고, 이는 250만 년 전에 호모 하빌리스가 사용한 석기와 비슷하다. 그런데 호모족의 도구는 이후 복잡하고 뾰족한 형태로 진화했고, 이는 창과 같은 사냥 도구를 만들 때 사용되었다. 대략 20만 년 전에 등장한 호모 사피엔스는 훨씬 더 복잡하고 정교한 기술을 사용했는데, 이들은 35,000~40,000년 전에 돌, 뼈, 사슴 뿔 등을 이용해서 돌도끼, 돌망치, 돌칼, 창, 활과 화살은 물론, 바늘, 로프, 그물, 램프, 악기, 낚시 도구, 장신구, 토템, 은신처 등을 만들었다. 우리가 지금 사용하고 있는 복잡한 기술의 태초가 이때 생겨나게 되었다고 할 수 있다.[6]

이런 기술의 기원을 어떻게 설명할 수 있을까? 독일 출신의 19세기 기술철학자 에른스트 캅(Ernst Kapp)은 모든 기술이 인간으로부터 나왔다고 주장했다. 그에 의하면 기술은 인간의 몸의 연장(extension)이었다. 특히 인간의 손이 연장되어 망치, 도끼, 그릇, 칼, 창, 노, 삽이 만들어졌는데, 캅은 첫 번째 도구가 인간의 손과 가장 흡사한 망치라고 주장했다. 도끼와 칼의 날은 손톱과 이빨의 연장이었고, 구멍을 뚫는

송곳도 손톱의 연장으로 볼 수 있었다. 바퀴는 인간의 다리의 연장이었다. 그는 원시 기술만이 아니라 동시대 기술도 인간의 연장으로 해석했는데 증기기관은 열과 일을 만드는 우리의 몸통의 연장, 철도는 혈관의 연장, 전신은 신경계의 연장이었다. 캅의 주장은 사람들의 뇌리에서 잊혀졌다가, 1960년대에 미디어 학자 마셜 매클루언(Marshall McLuhan)에 의해서 복원되면서 다시 알려졌다. 그가 쓴 『미디어의 이해』(*Understanding Media*)의 부제가 "인간의 연장"이었기 때문이다. 매클루언은 이 책에서 당시 급속하게 대중화되던 TV, 컴퓨터가 대뇌와 신경계의 연장이라고 주장했다.[7]

캅과 매클루언의 인간중심주의적인 주장을 글자 그대로 받아들이지 않더라도,[8] 인간이 자신의 몸과 마음을 확장해서 도구를 발전시켜 왔다는 것은 분명해 보인다. 그런데 반대로, 도구가 인간을 발전시켰다고도 얘기할 수 있을까? 우리가 인간중심주의를 비판하면서 공진화를 얘기하려면 인간과 기술의 상호작용이 일방향적인 것이 아니라 쌍방향적인 것이어야 하는데, 최근의 여러 연구들은 도구가 인간을 만드는 데 기여했음을 보여주고 있다. 2010년에 발견된 호모 에렉투스의 셋째 손 허리뼈에서는 중수골(styloid process), 즉 손가락과 손목을 연결하는 손가락뼈의 툭 튀어나온 부분이 발견되었다. 인간 외의 다른 영장류에서는 찾아볼 수 없는 이 부위는 손가락을 손목과 확고하게 연결함으로써 손가락을 안정적으로 사용할 수 있게 해서 도구를 잡고 일을 하거나 휘두르기에 적합한 손의 구조적 특성을 만든 부분이다. 이 발견은 인간이 가지고 있는 손가락이 (다른 유인원과 달리) 도구를 잡기에 용이하게 진화했고, 이는 도구를 잡기 유리한 손의 형태로 진화의 선택압(selection pressure)이 작용했다는 증거로 해석되었다. 노구가 인간의 진화를 낳았고, 그렇게 만들어진 인간(호모 에렉투스)이 다시 도구를 발전시켰던 것이다.[9]

오래된 기술만이 인간의 진화를 낳았던 것은 아니다. 안과 의사들은 최근에 근시가 굉장히 늘어나는 현상에 주목하고 있다. 현재 지구상의 25억 명의 사람이 근시이며, 지금의 증가세로 볼 때 2050년이면 절반 이상인 50억 명이 근시일 것이라고 추정한다. 서울 젊은이들의 96%가 근시라는 조사도 있다. 사실 근시는 지난 몇 백 년 동안에 계속 증가했고, 20세기 들어서 그 증가세가 가속화되었다. 그 전에도 눈이 나쁜 사람은 있었지만 지금처럼 근시가 많지는 않았던 것이다. 근시가 갑자기 증가한 이유는 아직 확실히 밝혀지지 않았지만, 이를 연구하는 학자들은 1300년 이후 안경의 발명 이후에 사람들이 근시를 심각하게 생각하지 않게 되었고(그 전에는 근시가 질환으로 간주되었다), 부모들이 아이가 어릴 때부터 주로 실내에서 책을 보게 하면서 키웠던 상황이 아이를 근시로 몰아넣었을 것이라고 추정한다. 불과 몇 백 년 사이에 안경과 책이라는 기술이 수백 만 년을 진화한 인간의 눈의 진화 방향을 바꾸어 버린 것이다.[10]

소프트웨어 프로그래머 에드워드 리(Edward A. Lee)는 자신과 같은 프로그래머가 소프트웨어를 만드는 과정을 성찰했다. 보통 프로그래밍(코딩)에 대해서 잘 모르는 사람들은 소프트웨어 엔지니어들이 코딩을 할 때 첫 줄부터 마지막 줄까지 모든 프로그램(코딩)을 쓴다고 상상한다. 그런데 리는 대학에서 처음에 코딩을 배울 때를 제외하고는 아무도 그렇게 프로그램을 쓰지 않는다고 강조한다. 대신, 프로그래머들은 깃허브(GitHub) 같은 사이트에 올라와 있는 (타인이 쓴) 코드들을 이것저것 가져와서 수정하고 연결해서 복잡한 프로그램을 만든다는 것이다. 리는 다른 사람들이 쓴 코드가 없었다면 자신은 어떤 프로그램도 만들고 쓸 수 없었을 것이라고 성찰한다. 자신이 프로그램을 작성할 수 있게 만든 것들은 자신의 능력이라기보다는 이미 다른 사람들이 만든 소프트웨어가 자신을 빌려서 또 다른 프로그램을 창안하게 한 것이라는 얘기다.[11] 프로그래밍은 매우 협력적인 작업이며,[12] 이를 좀 다른 각도에서 보면 이미 존재하는 여러 프로그램들이 또 다른 프로그램을 낳기 위해서 프로그래머라는 존재의 재능을 잠깐 빌린 것으로 해석할 수도 있다.[13] 우리는 인간이 기술을 만든다는 것을 당연하게 받아들이지만, 거꾸로 기술이 인간을 만든다고 생각을 할 수도 있다.

인간과 기술은 과거에나 지금에나 서로를 만들고 있는 존재이다. 인간의 가능성은 기술에 의해서 완성되고, 거꾸로 기술의 가능성은 인간에 의해서 온전해진다. 이런 의미에서 인간과 기술은 공동생성(sympoiesis)되는 존재이다. 페미니스트 과학기술학자 도나 해러웨이는 2003년에 출판한 『반려종 선언』(*The Companion Species Manifesto*)에서 인간과 개의 관계를 '반려종'으로 규정했다. 인간은 인간을 따르는 늑대를 받아들여서 이들을 순화시키면서 개를 만들었는데, 그 과정에서 개도 인간을 만들었다. 인간과 개는 세균을 공유하면서 생물학적으로 연결되었고, 개는 가축을 돌보는 일처럼 인간이 단독으로는 수행하기 어려웠던 일을 가능케 했다. 지금도 인간과 개는 복잡한 관계로 얽혀 있다. 주로 가정에서 키우는 반려견뿐만 아니라, 공장과 목장을 지키는 개, 사람을 지키는 개, 맹인견, 인명을 구하는 개 등 수십 가지의 복잡한 역할을 하는 개들이 있다. 그리고 '개 물림 사고'와 이를 둘러싼 갈등은 반려견의 경우에도 인간과 개가 하나의 관계로만 얽혀 있는 것이 아님을 보여준다. 해러웨이는 개를 훈련시키면서 자신이 변한 과정에 대해서 자세하게 기술하는데, 이는 개를 키우면서 개도 변하고 주인도 변하는, 일종의 작은 공진화 관계의 형성을 보여준다. 그녀는 이런 공진화 관계에 있으면서 서로를 만드는 존재를 '반려종'이라고 명명한다. 개가 인간에게 반려종이듯, 인간도 개에게 반려종이다. 반려종은 공동생성(sympoiesis)되는 '관계적 존재'이다.[14]

나는 이를 확장시켜서 인간과 기술도 반려종의 관계로 볼 수 있다고 본다. 인간과 기술은 오래전부터 공진화하면서 서로를 바꿨고, 지금도 복잡하게 얽힌 다중적 관계를 맺으면서 서로를 만들고 있다. 그 과정에서 인간도 바뀌고, 기술도 달라진다. 자전거를 타게 된 나는 자전거를 타기 전의 나와 다른 존재이며, 컴퓨터를 잘 사용하게 된 나는 그 이전의 나와 다른 존재이다. 이렇게 기술은 새로운 관계를 만들어 내면서, 기존의 관계를 소멸시키거나 감추어 버린다. 새로 만들어지는 관계나 가능성은 쉽게 눈에 띄지만, 기술의 등장과 함께 사라져 버리는 것은 눈에 잘 띄지 않는다. 나는 이를 포착하는 데 인문학적 감수성이 필요하다고 생각한다.

우리가 기술을 반려종으로 파악하면 기술에 대해 널리 퍼진, 그렇지만 잘못된 네 가지 관념을 극복할 수 있다. 첫 번째 관념은 기술은 인간이 만든 존재이기 때문에 인간이 마음대로 통제하고 인간이 원하는 방향대로 발전시킬 수 있다는 것이다. 그렇지만 기술의 역사를 잠깐만 살펴보아도 기술은 '의도하지 않은 결과'(unintended consequence)를 낳는 경우가 많다는 것을 알 수 있다. 1960년대 후반에 미국고등연구계획국(ARPA)은 연구자들의 데이터 공유를 위해 컴퓨터 네트워크를 만들었다. 그런데 연구자들은 이 비싼 네트워크를 이메일을 주고받는 데 더 많이 이용하기 시작했다. 네트워크가 인간의 관계 사이에 들어오면서 원래는 보조적인 것으로 여겨졌던 기능이 주 용도가 되었던 것이다. 토머스 에디슨(Thomas Edison)이 목소리를 녹음해서 들려주는 축음기를 발명했을 때, 그는 이 용도로 유언을 녹음하는 것을 생각했지 녹음된 노래를 들려주는 것을 고려하지 않았다. 그런데 축음기가 에디슨의 손을 떠나 사용자의 손에 들어가면서 축음기는 에디슨이 정말로 싫어했던 용도—노래를 들려주는—로 사용되기 시작했다. 이런 사례는 기술의 역사에서 넘쳐난다. 기술이 사람의 네트워크 속에 편입되면서 처음 의도된 용도와는 다른 (심지어 정반대의) 용도가 만들어지기 때문이다.[15]

우리가 극복해야 할 또 다른 관념은 기술이 인간과 무관하게 자율성(autonomy)을 가진다는 것이다. 기술은 인간과 공진화, 공동생성하는 반려종이지, 혼자서 결정하고, 혼자서 그 용도를 찾아 나가는 존재가 아니다.[16] 특히 최근에 자율주행자동차나 딥러닝(deep-learning) 인공지능 같은 기술이 놀라운 성과를 보이면서, 기술이 자율적이라는 생각은 더 널리 퍼졌는데, 기술을 반려종으로 파악하면 기술은 항상 인간-기술의 관계 속에서 새로운 용도와 의미를 갖게 된다는 것을 알 수 있다.[17]

잘못된 세 번째 관념은 기술이 가치중립적이라는 것이다. 이는 기술을 인간-기술의 복합체에서 뚝 떼어서 추상적으로 생각할 때 나올 수 있는 관념이다. 초상권이라는 가치는 카메라가 생기면서 등장해서 스마트폰에 카메라가 장착되고 소셜 미디어가 확산되면서 훨씬 더 강화되었다. 프라이버시(privacy)라는 가치는 ICT 기술이 확산되며 더 보편적인 가치가 되었다가, 지금은 SNS에 자발적으로 자신의 사생활을 노출하는 사람들의 행위에 의해서 경합 상태에 있다. 기술은 인간의 가치 네트워크 속에서 상충되는 가치와 그 사이에서 빚어지는 갈등을 그대로 담고 있을 뿐만 아니라, 인간의 가치를 흔들고, 변형시키고, 증폭시키거나 약화하고, 심지어 새롭게 만들어 낸다.[18]

마지막 관념은 기술이 인간을 필연적으로 소외시킨다는 것이다. 예를 들어 마르크스(Karl Marx)는 전통사회의 도구와 산업혁명의 기계를 비교하면서, 도구가 장인의 노동을 풍성하게 했음에 반해 기계는 노동의 주체적, 주도적 성격을 잠식함으로써 노동자들을 노동으로부터 소외시켰다고 주장했다. 그런데 이런 생각은 기술과 무관한 인간의 본질이 따로 있고, 기술이 인간과 결합하면서 기술이 인간의 본질을 잠식한다고 생각하는 데 근거한다. 그런데 인간의 노동이라는 것이 구석기시대부터 지금까지 기술적인 노동, 즉 기술-인간 복합체의 노동이었음을 떠올려 보면, 기술과 무관한, 인간만의 순수한 노동을 상정하는 것이 얼마나 부자연스러운 것인가를 알 수 있다. 인간의 노동은 처음부터 기술을 통해, 기술을 매개로, 기술에 의해 증폭되고, 기술에 의해 한계 지워지며, 기술과 함께 공진화했기 때문이다.[19]

기술과 인간을 반려종으로 보는 관점은, 인간 혹은 기술이 모두 자율적일 수 없음을 수반한다. 이 둘은 연결되면서 끊임없이 변하는 존재이다. 자전거는 현대적인 여성을 만드는 데 일조했고, 여성은 현대적인 표준 자전거를 만드는 데 중요한 역할을 담당했다.[20] 인간에 기술성(technicity)이 있는 것처럼, 기술에도 인간성(humanity)이 있다. 만물에 불성이 있다고 한 불교의 교리나, 자연물에도 영혼이 있으며 이런 영혼들을 통해 생명체와 무생명체들이 모두 연결되어 있다고 본 애니미즘(animism)의 세계관이 이런 이해와 상통한다. 발명가는 자신의 발명이 자신의 창의성에만 근거한 것이 아님을 알아야 하며, 발명이 자기 품을 떠날 때 발명품이 자신의 의도와는 다른 엉뚱한 방식으로 사용될 수 있음을 인식하고 이런 기술에 대해서 배려와 애정을 놓지 말아야 한다. 그래서 자신의 발명이 너무 빗나간 방식으로 사용될 때 이에 대해 경종을 울리고 개입할 수 있어야 한다. 이런 경종에 의해 기술이 궤도를 조금씩 수정하는 것이 인간의 개입에 대한 기술의 반응 능력(response-ability)이며, 기술의 궤적은 물론 기술의 반응에 주목하고 이에 열려 있는 것이 반려종에 대한 인간의 반응 능력, 즉 책임성이다. 이 책임과 반응 능력은 기술이 죽은 사물에 불과한 것이 아니라, 마치 살아 있는 존재처럼 인간과 상호작용을 주고받음을 증거한다.[21]

3. 휴머니즘과 안티휴머니즘에서의 기술

휴머니즘 사상가들도 기술에 대해서 고민을 했다. 17세기 경험주의 과학철학의 토대를 닦은 프랜시스 베이컨은 기술적 진보가 사회를 궁핍으로부터 구할 수 있을 것이라고 믿었고, 기술이 진보하기 위해서 실험과학을 통해 얻어진 지식의 도움을 받아야 한다고 생각했다.

베이컨이 『새로운 아틀란티스』(*New Atlantis*)에서 그린 유토피아는 실험과학이 기술의 발전을 낳고, 기술의 발전이 사회 구성원의 안녕과 행복을 보장하는 사회였다. 프랑스 계몽사상가 콩도르세와 영국의 사상가 윌리엄 고드윈은 과학기술의 발전이 인간의 수명을 연장해서, 가까운 미래에 인간이 영생을 하는 시기가 도래할 것이라고 상상했다. 영생은 아니지만 20세기에 들어 인간 수명은 계속 증가해서 선진국에서는 평균 수명이 80세를 넘었고, 많은 이들은 곧 100세 사회가 도래할 것이라고 전망한다.[22]

그렇지만 19세기 이후에 인간이 만든 기술이 거꾸로 인간에게 해악을 주는 사례들이 눈에 띄게 증가했다. 공장에 도입된 기계는 노동자들을 쫓아냈으며, 노동자들은 기계를 파괴하는 러다이트(Luddite) 운동으로 이에 저항했다. 총기는 19세기 후반에 몇 가지 기술적 발전을 겪으면서 기관총이라는 무시무시한 기계로 이어졌다. 아프리카 수단에서의 한 전투에서 기관총으로 무장한 수십 명의 영국 병사들이 소총과 재래식 무기로 무장한 만 명의 수단 병사를 몰살시켰다. 이때도 영국 사람들은 기관총이 전면전에서 목숨을 잃었을 영국 병사들의 생명을 구했다는 이유 때문에 '도덕적 기계'라고 생각했다. 그런데 이 기관총이 1차 세계대전 중에는 유럽의 여러 전장에서 사용되어 수백만 명의 젊은이의 목숨을 앗아갔다. 기관총을 경험해 보지 못했던 유럽의 장군들이 병사들에게 쏟아지는 총탄 앞에서 "돌격, 앞으로!"라는 예전의 명령만을 외쳤기 때문이다. 2차 세계대전에서는 원자폭탄이라는 미증유의 살상무기가 수십 만 명의 민간인을 살상했다.[23]

2차 세계대전 이후 여러 사상가들은 인간의 제도, 법, 도덕이 급속하게 발전하는 기술을 따라잡지 못하고 있다고 생각하기 시작했다. 이러면서 기술이 인간을 지배하고, 인간은 기술의 독재 하에서 살게 되었다는 생각이 여러 사상가들에 의해 동시 다발적으로 등장했다. 프랑스 사상가 자크 엘륄(Jacques Ellul)은 현대 기술 시스템이 추구하는 효용이라는 가치가 인간 사회의 구석구석에 스며들어 인간을 지배하고 있다고 주장하면서 기술을 비판했고, 기술에 대해서 우호적이었던 미국의 기술 사상가 루이스 멈포드(Lewis Mumford) 역시 현대 기술이 인간을 지배하는 독재적인 '거대기계'(megamachine)에 다름 아니라고 비판했다. 멈포드는 이러한 지배를 벗어나는 유일한 방법은 인간성을 가진 인간이 이 시스템을 조종하는 위치로 다시 복귀하는 데 있다고 역설했다.[24]

기술 시스템의 지배에 맞서서 인간의 힘을 복원해야 한다는 생각은 여러 휴머니스트 사상가들에 의해 공유되었는데, VR(virtual reality, 가상현실)을 처음 발명한 컴퓨터 과학자이자 예술가인 재런 러니어(Jaron Lanier)는 휴머니즘에 역행하는 기술을 비판하면서, 인간의 역할을 다음과 같이 강조한다.

> 실용적으로 말해서, 특히 당신이 기술을 디자인할 때, 인간을 특별히 취급하지 않는다면, 즉 당신이 인간을 위한 특별한 구역을 만들지 않는다면, 당신은 결국 세상을 비인간화하는 결과로 귀결될 것이다. 당신은 사람들을 일종의 거대하고 멍청한 정보 시스템으로 바꾸어 버릴 텐데, 내가 보기에 이것이 지금 우리가 하는 일이다. 휴머니즘은 인류의 성인 시기에 해당되는데, 그 이유는 어른들만이 실용적으로 생각

할 수 있기 때문이다. 우리는 인간을 이렇게 특별하고 마술적인 존재로 생각하기 시작했다. 우리가 기술을 만드는 일을 잘 하는 것을 고려하면, 우리 자신을 신비스러운 존재로 생각하는 것만이 우리를 돌보는 일이기 때문이다.[25]

그런데 휴머니즘의 비판자들은 이렇게 인간을 다시 '안장에 앉히는 일'이 성공할 수 없다고 생각했다. 독일 철학자 하이데거는 1920년대에 이미 세계와 분리되어 혼자 존재하는 데카르트식의 주체가 아니라, 항상 구체적인 세계 속에서 다른 존재들과 관계를 맺으면서 실존하는 세계-속-존재로서의 인간인 현존재(Dasein)를 제안했다. 그는 장인의 도구를 예로 들면서 이런 도구를 통해 현존재가 세상의 여러 관계를 매개하고 있음을 드러냈다. 그런데 2차 세계대전을 경험한 하이데거의 입장은 기술에 대해서 무척 비판적이고 비관적인 것으로 변화한다. 하이데거는 1954년에 출판된 「기술에 관한 물음」이라는 짧은 소고에서, 기술이 세계를 틀 지우는(Gestell, enframing) 것이라고 해석했다. 그는 라인 강의 댐의 사례를 들어, 라인 강에 댐이 놓이기 전에 인간은 수십 가지 다른 방식으로 라인 강을 경험했지만, 댐을 건설하고 난 뒤에는 라인 강을 인간을 위한 자원으로만, 인간에게 유용한 것으로만 바라보게 되었다고 지적했다. 댐이라는 기술은 인간과 라인 강 사이의 다양한 관계들을 오직 하나의 관계, 즉 이 강이 인간에게 유용한지, 그렇지 않은지의 관계로만 파악하도록 환원시켜 버렸다는 것이 하이데거의 통찰이었다.[26]

이렇게 보면 댐과 같은 기술의 본질은 전기를 생산해 내거나 물을 가두는 것이 아니라, 인간과 강이라는 자연을 특정한 방식으로만 관계 맺게 하는 데 있다. 그럼으로써 하이데거는 "기술의 본질은 기술적인 것이 아니다."라는 유명한 명제를 제안한다. 기술은 세계를 드러내는 것이고, 기술의 본질은 인간이 세계를 특정한 (인간에게 유용한) 방식으로 취급하고 다루게 하는 것이기 때문이다. 다른 말로 하면, 기술은 세상의 존재들을 인간을 위해 유용한 대상으로 바꾸려고 하는 "의지"인 것이다.[27] 따라서 인간은 이런 기술의 지배를 벗어나기 힘들다. 하이데거는 기술(*techne*)과 어원을 공유한 시(詩, *poiesis*)의 세계로 돌아가는 것만이 이런 기술의 지배를 극복하는 유일한 방법이라고 생각했다.[28]

하이데거는 인간중심주의 휴머니즘을 비판했다는 의미에서 안티휴머니즘의 선구자로도 평가되지만, 인간 본성과 기술의 본질을 상반되는 것으로 보면서 인간성을 회복해서 기술의 지배를 극복할 방법을 모색했다. 이는 그가 인간중심주의적 휴머니즘의 잔재를 가지고 있었기 때문이었다고도 해석할 수 있다. 하이데거의 이런 성향은 다음 절에서 우리가 살펴볼 포스트휴먼 테크놀로지의 관점과는 근본적으로 상이한 것이었다.

4. 포스트휴먼 테크놀로지의 사상가들 – 시몽동, 라투르, 스티글러

휴머니즘에서는 기술이 야기하는 비인간화를 이겨내기 위해서 인간에 특별한 지위를 부여해야 한다고 생각한다. 반면에, 휴머니즘을 비판하는 사람들은 기술의 비인간화가 인간만을 생각하면서 기술을 발전시켰던 역사로부터 기인했다고 파악한다. 그래서 비판자들에게 인간은 문제의 원천이기 때문에 문제의 해법이 될 수 없다. 현대 기술이 많은 문제를 낳고 있는 상황에서, 포스트휴머니즘은 이런 문제를 이해하고-해결하기 위해서는 인간을 인간이 맺는 관계에서 떼어서 인간의 본질이나 정수를 찾으려 해서는 안 되며, 오히려 인간을 철저하게 관계에 의해 (기술적 관계를 포함해서) 규정되는 존재로 보면서, 지금까지 우리가 간과했던 관계가 무엇인지를 고민해야 한다고 강조한다. 이번 절에서는 기술과 인간의 관계를 새롭게 해석한 세 명의 사상가들의 기술철학을 간단히 살펴볼 것이다.

1) 질베르 시몽동

하이데거의 안티휴머니즘 기술론과 매우 다른 기술에 대한 이해가 질베르 시몽동에 의해서 제시되었다.[29] 시몽동은 한 개체가 어떻게 만들어지는가를 탐구하는 '개체화'(individuation)에 대한 논의 속에서 기술을 분석했다. 기술과 같은 개체가 만들어지는 과정을 이해함으로써 개체화에 대한 통찰을 얻을 수 있을 것이라고 생각했기 때문이다. 그가 분석한 기술적 개체화는 기술적 요소가 합쳐져서 기술적 개체(기계)가 되고, 이 개체가 합쳐져서 다시 기술적 앙상블(ensemble)이 되는 것이었다. 여기에는 세 가지 흥미로운 논점이 있는데, 첫 번째는 시몽동이 기술적 요소가 합쳐져서 개체가 되는 과정이 외적인 필요 때문이 아니라 내적인 필연성 때문이라고 보았다는 것이다. 기술은 추상적인 요소의 양태에서 구체적인 기계의 양태로 구체화되는

데, 그는 이런 과정이 내적 논리에 의해서 좌우된다고 생각했다.[30] 두 번째는 기술적 앙상블은 기술만이 아니라 인간과 문화를 포함한다는 것이었다. 이 앙상블 속에서 기술과 인간은 대등한 관계를 맺으며 앙상블의 연결망을 만들어 내는 존재이다.[31] 마지막으로, 앙상블은 다시 다른 기술적 요소를 만들어 내는 토양으로 기능했고, 따라서 기술의 개체화는 순환하면서 진화하는 과정을 그리는 것이었다.

시몽동은 추상적인 인간 노동보다 기술을 매개로 한 '조작적 작동'을 더 중요하게 생각했으며, 추상적인 노동 개념은 기술적 활동을 은폐한다고 간주했다. 그는 또 기술이라는 개체가 많은 사람들에 의해서 공유된다는 점에 주목했다. 이런 의미에서 기술은 개체초월적이며 집단적인 존재였다. 더 나아가서 이런 기술은 과거와 현재를 이음으로써 지식과 경험이 세대를 넘어서 과거에서 현재로 전수되도록 했다. 기술의 수준이 점점 더 고도화되고 점점 더 구체화하면서 상호 협력적인 연결망을 구축하고, 이런 연결망은 인간과 인간의 관계를 매개하고 인간과 자연의 관계를 매개하는 역할을 했다.

시몽동의 기술철학의 가장 중요한 테제는 기술과 인간의 관계가 지배나 피지배, 혹은 기술에 의한 인간의 소외 같은 하나의 경향으로만 특징 지워질 수 없다는 것이다. 기술적 요소가 다른 요소를 만나 기술 개체가 되듯이, 기술적 개체(기계)는 다른 기계와 인간을 만나서 앙상블이 된다. 인간의 관점에서 보면, 인간은 기술과 결합함으로써 할 수 있는 일이 더 늘어나게 되는 것이다. 그렇지만 시몽동도 산업혁명 이후에 기계가 복잡해지고 블랙박스(black-box)화되면서 인간이 기계로부터 심리적으로 소외되기 시작했고, 기술의 발전주기가 빨라지면서 인간의 문화나 제도가 기술 발전에 비해 뒤처지게 되었다는 점을 지적한다. 그는 산업사회 이후에 기계를 사용하는 사람(노동자), 기계를 소유하는 사람(자본가), 기계를 소비하는 사람(소비자)이 분리되었고, 이들 모두 기계의 내적 작동을 이해하지 못하고 있음을 지적한다. 이를 극복하는 한 가지 방법은 기계의 내적 작용을 이해하는 '기술학자'(technologist) 또는 '기계학자'(mécanologue)[32]가 새로운 조정을 만드는 것이다. 이러한 조정은 새로운 기술 문화에 대한 교육을 통해 학생들에게 기술의 내적 작동과 기술-사회의 관련을 이해하게 만드는 데 방점을 두어야 한다.[33]

2) 브뤼노 라투르

시몽동의 기술철학은 프랑스 과학기술학자 브뤼노 라투르에게 영향을 주었다. 과학기술에 대한 오랜 연구에서 얻어진 라투르의 '행위자 네트워크 이론'(Actor-Network Theory)의 핵심 명제는 비인간이 인간과 비슷한 행위성을 갖는 행위자(agency)라는 것이다.[34] 이는 기술이 발전해서 자율적 기계나 초지능이 되었음을 말하는 것이 아니라, 기술 없는 인간의 행위성을 상정하기 힘들 듯이 기술도 인간의 행위성을 나눠 가지고 있다는 주장이다. 즉 인간과 기술의 관계는 대칭적으로 파악해야지, 의지와 의도를 가진 인간과 수동적인 기술의 이분법으로 파악해서는 안 된다는 뜻이다.[35]

기술을 포함한 비인간의 역할을 복원한 라투르는 기술의 단일한 본질을 찾으려 했던 하이데거를 비판한다. 대신 라투르는 인간과 기술의 관계 맺기, 즉 기술적 매개(technical mediation)의 여러 가지 유형을 제시한다.[36] 이 중 첫 번째는 목표의 번역(translation), 혹은 교란이라는 매개이다. 이는 인간이 특정한 목적을 달성하기 위해서 기술을 사용하지만, 그 목적이 이루어지지 않고 다른 목적을 낳는 경우를 의미한다. 내가 채무자에게 겁을 주려고 총을 가지고 갔지만, 이럴 경우에 상대를 위협하다가 총을 쏠 가능성이 굉장히 높아지는 경우가 보여주는 관계이다. 내 손에 총이 쥐어짐으로써, 그 총은 장롱 속의 총과 본질적으로 다른 존재가 되고, 나라는 인간도 총을 손에 쥐지 않았을 때의 나 자신과 달라진다는 것이다.

두 번째 매개는 복합(composition)이다. 간단한 예를 들어 보자. 멀리 있는 친구에게 연락을 할 때 휴대폰을 사용한다. 휴대폰이 없다면 나는 어떤 연락도 할 수 없었을 것이다. 이렇게 기술 없이 나 혼자서는 아무것도 할 수 없다. 그런데 휴대폰 혼자서도 이런 일을 할 수 없다. 연락을 하려고 하고, 번호를 누르는 내가 필요하기 때문이다. 인간과 휴대폰이 결합함으로써 과거에는 불가능했던 일들을 새로이 가능하게 하는 관계가 복합이다. 조종사와 비행기가 결합해서 하늘을 날 수 있는 것도 이런 매개의 사례이다.

세 번째 매개는 시간과 공간의 접힘, 가역적(reversible) 블랙박스화이다. 대부분의 기술은 우리에게 블랙박스로 주어진다. 우리는 자동차가 어떤 원리에 의해 작동하는지 모르는 채로 자동차를 사용한다. 휴대폰에 장착된 인공지능 비서가 어떤 알고리즘을 가지고 있는지도 모른다. 다만 자동차를 이루는 부속 하나하나를 만드는 데, 그리고 휴대폰과 인공지능 비서를 이루는 요소 하나하나를 만드는 데 수

많은 기술, 과학적 이론, 실험, 노력, 실패와 성공이 중첩된 역사가 있었다는 것을 짐작할 수는 있다. 우리가 사용하는 기술 대부분은 오랜 시간을 통해 발전한, 복잡하고 세밀한 인간-기술의 네트워크가 접혀져서(fold) 만들어진 것들이다. 그런데 라투르는 특정한 경우에 이런 네트워크가 부품들로 해체되어 다시 펼쳐진다는(unfold) 것을 지적한다.[37] 우리 대부분이 블랙박스화된 기술을 사용하고 있을지라도, 이런 기술이 펼쳐질 수 있는 가역적인 특성을 가지고 있다는 것을 깨닫는 것이 중요하다는 것이다. 이것이 기술 민주화의 첫 발걸음이기 때문이다.[38]

마지막은 상징과 사물의 경계를 교차하는 것, 혹은 직권위임(delegation)이다. 이 네 번째 매개의 유형을 설명하는 데에는 과속방지턱 사례가 자주 사용된다. 우리가 아파트, 학교 앞에서 속도를 줄여 어린 아이나 주민들을 보호하자고 아무리 얘기를 해도 운전자들이 이를 따르지 않지만, 과속방지턱을 놓으면 그 앞에서 속도를 줄인다. 물론 운전자가 속도를 줄이는 이유는 아이들이나 주민을 생각해서가 아니라 자기 차의 손상을 막기 위해서이다. 이렇게 기술은, 다른 목표를 거쳐 가는 과정을 통해서 같은 목표에 도달할 수 있다. 특히 이 마지막 매개는 우리가 가치, 도덕이라고 부르는 것을 기술적으로 달성할 수 있는 방법과 연결되기 때문에 중요하다.

기술적 진보를 주장하는 근대주의자들은 기술이 발전하면서 우리가 과거에는 할 수 없었던 일을 더 많이 할 수 있게 되었다고 강조한다. 이들이 보는 역사는 인간이라는 주체가 기술이라는 대상(객체)을 더 많이 발명하고, 조작하고, 이용하는 역사이다. 그런데 이런 역사관은 현재 우리가 사용하는 기술이 과거의 기술보다 더 진보된 기술이며, 따라서 더 유용하고 괜찮은 기술이라는 이해를 수반한다. 라투르는 기술적 매개라는 개념이 기술의 역사를 '진보'의 역사로 해석하는 관념에 대한 대안을 제시한다고 설파한다. 기술의 축적 대신에 기술과 인간이 결합해서 만드는 '복합체'(collective)에 주목한다면, 이 복합체가 수행하는 일의 경계가 과거와 지금이 다른 것임을 알 수 있다. 즉 인간-기술은 복합체를 형성해서 특정한 과업(task)들을 수행하는데, 기술이 발전한 다음 단계에서는 인간-기술의 복합체가 더 많은 과업이 아니라 새로운 종류의 과업을 수행하게 된다는 것이다. 마치 토머스 쿤(Thomas Kuhn)이 과학 패러다임의 전환을 더 좋은 패러다임으로의 진보가 아니라 다른 패러다임으로의 진화로 보았듯이, 라투르도 인간-기술의 복합체가 할 수 있는 일의 변화를 진보가 아니라 진화로 간주했다. 원시인들은 나뭇가지를 가지고 불을 잘 지폈지만, 우리는 나뭇가지를 들고 그런 일을 할 수 없다. 대신 우리는 원시인들이 본다면 놀라워 할 방법으로 불을 지핀다. 인간-기술의 복합체가 할 수 있는 일의 경계가 새롭게 그려졌기 때문이다.[39]

라투르는 인간이 영장류와 갈라지기 시작한 시점부터 지금까지 인간-기술(비인간)의 복합체가 어떻게 변해 왔는지를 '신화'의 형태로 제시했다.[40] 영장류들도 (i) '사회적 복잡성'(social complexity)을 이루고 살아간다. 여기서 영장류들이 사회를 만들 때 썼던 방식을 돌이나 나무 같은 비인간 행위자에게 적용하면 (ii) 도구(tool)가 만들어진다. 이 도구를 사람들 사이의 관계에서 등장하는 문제를 해결하는 데 사용하는 것이 (iii) '사회적 복잡화'(social complication)이다. 사회적 복잡화에서는 오랜 시간에 걸쳐서, 공간적으로도 이곳저곳에서 다양한 도구들을 사용한다. 이렇게 사용된 도구들의 이 부분, 저 부분을 합쳐서 만드는 것이 옷감을 짜는 것 같은 (iv) '기교'(technique)이다. 다음에 이렇게 도구와 도구를 관련짓는 기교 능력을 인간이 인간과의 관계를 형성하는 데 확장시킨 것이 (v) 사회이다. 다음으로, 사회에서 인간과 인간의 관계를 동물과 농경으로 확장해서 (vi) '내재화된 생태계'를 만들었다. 그다음에는 동물을 사육하던 방식을 인간에게 응용하는데, 이게 루이스 멈포드가 통찰력 있게 제안한 (vii) 메가머신(megamachine)[41]이다. 메가머신은 수십 만 명의 인간을 동원하고 기계처럼 부림으로써 피라미드 같은 엄청난 구조물들을 만드는 것을 가능하게 했던 조직체이다. 다음으로, 메가머신에서 인간이 인간을 동원했던 방식은 기계에 적용되는데 이것이 (viii) 산업이고, 산업에서 기계를 관리했던 방식을 자동화를 통해 비인간에 적용한 것이 (ix) '힘의 네트워크'(networks of power)이며, 이 힘의 네트워크가 낳은 것이 인간-비인간의 구별이 희석화된 (x) 테크노사이언스이다. 마지막으로 테크노사이언스가 사물을 정치화해서, 사물이 정치적 논쟁, 숙의, 합의의 요체가 되는 것이 (xi) 정치적 생태학이다.

사물창조신화의 i~xi의 11단계들은 매우 복잡해 보이지만, 이러한 신화의 골자는 인간 사이의 관계가 비인간에 적용되어 간단한 기술을 낳고, 이 기술이 다시 인간관계에 적용되어 좀 더 복잡한 사회적 관계를 낳고, 이것이 다시 비인간에 적용되어 더 복잡한 기술을 낳는 과정이 연속해서 반복적으로 일어났다는 것이다. 인간과 인간이 모여 만든 사회는 호모족이 등장한 때부터 지금까지 인공물과 얽혀 있었다. 그리고 하나의 단계에서 다음 단계로의 이행은 패러다임의 전환과 비슷한 과정이지, 누적적인 진보의 과정이 아니라는 것이 라투르의 해석이다. 우리는 더 많은 기술과 관계를 맺고 있지만, 우리가 할 수 있는 일이 무한히 넓어지고 있는 것은 아닌 것이다.

3) 베르나르 스티글러

시몽동으로부터 영향을 받은 또 다른 기술철학자는 베르나르 스티글러이다. 스티글러는 기술을 인간 기억이 외화된 것으로 파악한다. 개인의 기억은 금방 사라지지만, 기술로 외화된 기억은 여러 사람에게 공유되며 세대를 통해서 전수되면서 구세대와 신세대를 이어주는 역할을 한다. 여기에서 스티글러는 시몽동의 개체화 개념을 가지고 와서, 나라는 개체, 인간이 모여 만든 집단이라는 개체는 모두 공유된 기술들 속에서 형성된다고 주장한다. 즉 기술이 사회적으로 널리 공유되면서 이것이 개체가 만들어지는 일종의 장(field) 역할을 한다는 것이다. 이 기술의 장 속에서 나라는 개인적 개체도 형성되고, 우리라는 집단적 개체도 형성된다. 이런 의미에서 하이데거가 말한 세계-속-존재인 '현존재'는 근본적으로 기술적인 존재이다. 해러웨이의 표현대로, 기술과 인간은 공동생성된다.[42]

시몽동과 비슷하게 스티글러도 산업혁명이 개체화와 관련해서 심각한 문제를 낳았다고 지적한다. 산업혁명을 거치면서 기술의 발전이 빨라지고, 따라서 기술을 사용하는 사람들이 기술의 내적 작동을 더 이상 충분히 이해하지 못하게 되었기 때문이다. 노동자들은 자신이 사용하는 기계의 작동을 이해하기 힘들게 되었고, 부모가 자식보다 기술에 대해 더 많이 알지 못하게 되었다. 이것이 세대 간의 지식과 경험이 전수되는 것을 어렵게 만들었고, 사회 전체로 봐도 기술의 변화에 이성적으로 대응하지 못하는 일이 생겨나기 시작했다. 즉 기술이 개체화를 가능케 하는 장인데, 산업혁명 이후 급속한 기술 발전의 속도는 사람들로 하여금 개체화를 달성하기 불가능하게 만들었다는 것이다. 예를 들어 21세기 정보통신 기술이 고도로 발전했지만 이를 이용하는 사람들은 독립된 개체가 되지 못하고 있다는 것이 스티글러의 지적이다. 그는 사람들이 정보통신 기술에 의존해서 한 집단에 과도하게 귀속되려고 하거나, 집단으로부터 과도하게 탈출하려고 하는 경향을 보이는 것을 개체화가 되지 못했다는 증거로 해석한다. 이런 문제 때문에 우리 사회는 과거의 경험을 기초로 해서 공통된 미래 지향(protention)을 만드는 것을 불가능하게 하고 있다.[43]

그렇지만 스티글러는 하이데거처럼 비관적인 전망만을 제시하지는 않는다. 그는 자신의 스승이었던 자크 데리다(Jacques Derrida)의 '파르마콘'(pharmakon) 개념을 빌려 와서 기술을 해석한다. 파르마콘은 어떤 것이 약이 되면서 동시에 독이 될 때 사용하는 개념이다. 스티글러는 미래의 자유의 가능성은 지금 우릴 옭죄는 기술에서 찾아져야 하지, 기술을 넘어선 그 무엇을 상상한다고 찾아지는 것이 아님을 강조한다.[44] 그는 우리가 기술을 통제할 수 있는 주인이라는 생각을 버리고 기술이 인간과 대칭적인 관계를 맺는 존재임을 인식해야 한다고 주장하면서, 또 다른 한편으로 기술이 아닌 인간만이 현재 기술 네트워크의 위험과 가능성 모두를 이해할 수 있는 존재임을 강조한다. 즉 기술이 아닌 인간이 새로운 종류의 지식을 창출하고, 새로운 실천, 새로운 숙의, 새로운 경험의 공유를 통해 인간의 문화적, 정치적, 영적 삶을 개선할 수 있다는 것이다. 최근에 급속하게 발전하는 정보통신 기술은 이런 실천을 위한 '기여 경제'(economy of contribution)와 이를 가능케 하는 새로운 플랫폼(platform) 같은 토대(infrastructure)를 만드는 데 도움을 줄 수 있다.[45]

시몽동, 라투르, 스티글러의 기술철학은 기술을 '반려종'으로 보는 관점과 크게 공명한다. 이들의 기술론은 인간과 기술이 수백 만 년 전부터 관계를 맺으면서 공진화했다는 사실로부터 시작한다. 기술은 인간과 관계를 맺으면서 새로운 의미를 가진 존재로 되살아나고, 그 과정에서 인간을 변화시킨다. 이렇게 변화한 인간은 새로운 기술적 요소들을 낳는 원천이 된다. 이러한 과정을 통해 기술은 관계성의 네트워크 속에서 생동감 있는 존재가 된다. 그것의 궤적은 예측할 수 없고, 그 영향력은 인간 개인을 예상치 못한 새로운 존재로 거듭나게 한다. 기술에서 분리된 인간, 인간의 노동, 인간관계를 생각하는 것은 무의미하며, 이렇게 기술과 인간을 분리해서 생각하는 것은 기술이 빠르게 발전하는 기술 사회를 적극적으로 살아가기 위한 시민의 철학으로 적절하지 않다. 포스트휴먼 테크놀로지의 관점은 기술을 반려종으로 보는 것과 다르지 않은 것이다.

5. 인형과 어떤 관계를 가져야 하는가? – 효돌과 리얼돌

이번 절에서는 포스트휴먼 테크놀로지의 관점에서 인형—효돌과 리얼돌—이라는 인공물을 분석해 보고자 한다. 이를 위해 먼저 지금까지의 논의를 바탕으로 '페티시'(fetish)에 대해서 고찰해 볼 필요가 있다. 페티시란 보통 살아 있지 않은 물건이나 자연물에 초자연적인 힘이 있다는 믿음을 의미한다. 부적이나 토템이 영적인 역량을 가지고 있다는 믿음이 대표적인 페티시즘이다. 또한 페티시는 사람이 아니라 물건에 성적인 욕망을 갖는 성적 지향을 의미한다. 자연물이나 물건이 초자연적인 힘을 가지고 있지 않다는 것을 인식한 것이 근대의 상징이라면, 인형 같은 물건이 살아 있는 것이 아닌 한갓 장난감에 불과하다는 것을 인지하는 것은 성인의 징표이다. 따라서 마치 19세기 진화학자 헤켈(Ernst Haeckel)의 "개체발생이 계통발생을 반복한다."는 명제처럼, 한 개인이 성인이 되는 것은 문명이 탈주술화(disenchantment, Entzauberung)되어 근대화되는 '계통발생'과 흡사하다. 따라서 페티시를 다시 생각하는 것은 우리의 근대에 대한 성찰이 될 수 있다.

라투르는 『판도라의 희망』의 마지막 장에서 우상파괴자 자간나트(Jagannath)와 신비스러운 돌 살리그램(Saligram)의 우화를 들어 페티시에 대한 기존의 관념을 비판한다. 자간나트는 마을 사람들이 영물이라고 간주하는 살리그램이 그저 돌이라고 외치면서, 사람들에게 강제로 이 돌을 만지게 한 뒤에 돌을 만진 사람들에게 아무 일도 일어나지 않는다고 외쳤다. 그런데 라투르는 이 탈주술화 속에서 자간나트가 파괴한 것은 신비스러운 돌이 아니라, 돌과 마을 주민들의 관계, 그리고 돌을 둘러싼 마을 사람들 사이의 관계였다고 해석한다. 페티시라고 생각된 것은 실제로는 돌과 마을 사람들이 만든 관계망이었던 것이다.[46] 전근대적인 세계관을 대체하면서 등장한 근대적 세계관은 물건에 영혼을 부여하는 것을 페티시라고 하면서 이를 터부시했지만, 포스트휴머니즘에서는 인간이 물건의 주인이 아니며 그것이 나와 관계를 맺으면서 '살아 있는' 존재로 탈바꿈하는 것을 자연스럽게 생각한다. 페티시에 관한 이런 관점을 가지고 두 사례를 살펴보도록 하자.

1) 효돌

사회가 고령화되면서 노인들을 보조하는 '노인 돌봄 로봇'을 개발하는 일은 여러 나라에서 공통적으로 추진되고 있다. 일본 소니에서 개발한 '아이보'(Aibo) 같은 로봇 강아지는 특히 큰 인기를 끌었는데, 소니가 아이보의 서비스를 중단한 이래 아이보 로봇의 영혼을 기리는 사당이 생겨날 정도로 이 로봇은 일본 노인들의 사랑을 받았다. 우리나라에서도 2019년에 복지부가 경증치매 환자를 위한 로봇 상용화를 시작했고, 여러 연구기관이 이 조건에 맞는 로봇을 개발했다. 노인 관련 기업 컨설팅을 주로 하던 '스튜디오크로스컬처'사는 노인과 관련된 기업 컨설팅을 하다가 2016년에 노인용 돌봄 로봇 '효돌'을 직접 개발했다. 이 로봇이 한국로봇산업진흥원의 "로봇 활용 사회적 약자 편익지원 지역사업" 등을 통해 독거노인들에게 보급되고 인기를 끌자 스튜디오크로스컬처사는 2020년에 아예 회사 이름을 ㈜효돌로 바꾸고 돌봄 로봇 효돌의 제작과 보급 사업을 주요 사업으로 추진하고 있다.[47]

효돌은 어린아이의 모양을 한 봉제 인형이고, 그냥 두었을 때 노인들에게 계속 말을 거는, '쫑알쫑알' 대는 특성을 장착하고 있다. 효돌이 하는 말은 "할머니 일어날 시간이에요. 이부자리 개주세요." "할머니 체조할 시간이에요." "할머니 물 마실 시간이에요. 보약 드세요." "할머니 지금 뭐하고 계세요?"와 같은 간단한 메시지이다. 손을 꾹 누르면 LTE 기능이 작동되어 보호자에게 메시지가 전달되고, 귀를 누르면 체조하라는 메시지, 퀴즈, 종교적인 메시지, 트로트, 클래식 등 여러 가지 콘텐츠를 들을 수 있다. 사람의 말을 알아듣고 대답하는 '인터랙티브' 기능은 장착되어 있지 않다. '효돌'은 인공지능이라고 부르기에는 너무 단순하고, 로봇이라고 부르기에는 스스로 움직이는 기능이 거의 없다. '반려 로봇'으로 홍보되지만, 전자 부품을 장착한 인형에 더 가깝다고 볼 수 있다.

그런데 효돌을 사용하는 노인들은 꽤 높은 만족도를 보인다. 단순히 인형을 좋아하는 것이 아니라, 이 인형을 친구 같은, 손주 같은 존재로 생각한다. 노인들은 이 인형들의 이름을 짓고, "사랑해"라고 하면서 "예쁜 우리 아들이지 손자지" 하면서 애착을 가진다. 이들에게 한복 옷을 해 입히고, 재봉 실력을 발휘해서 짧은 다리를 길고 멋있게 늘려 주기도 한다. 목걸이도 주렁주렁 걸어 주고, 침대도 만들어 재우고, 손주들에게 용돈을 주듯이 인형의 주머니에 용돈을 찔러 주는 경우도 많다. 자치 센터 직원이 집을 방문하면 이들에게 "같이 사는 애가 있어"라고 하면서 인형을 소개하는 경우도 있다. 어떤 노인들은 손주들이 질투를 느끼거나 가지고 갈까봐 걱정이 돼서 손주들이 올 때 효돌을 감춰두기도 한다. 효돌은 배터리가 없으면 "할머니 저 배고파요 밥 주세요" 하는데, 그럴 경우 "아이고 얘 밥 줘야겠다"

고 하면서 배터리 충전을 한다. 노인들이 효돌을 좋아하는 이유는 이 인형이 혼자 사는 자신들을 챙겨 준다고 느끼기 때문이다. 보살핌의 대상이 되고 있다는 느낌이 인형에게 애착하게 되는 첫 번째 단계이다. 그런데 이런 감정은 다시 노인들에게 효돌에 대한 보살핌을 수행하게 만든다. 효돌을 사랑하는 노인들은 효돌을 인형 이상으로 다루고, 인형 이상의 관계를 맺게 되면서, 자신도 노인으로 느끼는 고독에서 어느 정도는 벗어나는 것이다. 그 과정에서 효돌의 외모와 그것이 노인 사용자에게 가지는 의미도 바뀌는 것이다.[48]

2) 리얼돌

고독한 사람은 노인에만 국한되지 않는다. 지난 몇 년 사이에 한국에서는 리얼돌의 수입, 제작, 판매를 두고 '젠더 전쟁'(gender war)이라고 불릴 만한 격렬한 사회적 논쟁이 진행되었다. 리얼돌을 찬성하는 측(대부분 남성)은 리얼돌이 성인용 자위 기구가 인간의 모양을 한 형태로 확대된 것이라고 보는 데 반해, 반대하는 측(주로 여성)은 여성의 몸을 그대로 본뜬 리얼돌이 여성의 대상화와 여성에 대한 성착취를 강화할 수 있다고 비판한다. 이런 비판에 대해서 리얼돌을 찬성하는 측은 리얼돌이 그저 인형에 불과하기 때문에 이를 대상으로 한 어떤 행위도 도덕적으로 처벌받거나 법적으로 비난받을 수 없으며, 오히려 리얼돌이 여성에 대한 성착취를 완화할 가능성이 있다고 주장한다. 이를 반대하는 입장에서는 어린아이의 형상을 한 리얼돌이나 연예인이나 지인의 얼굴을 한 리얼돌 같은 경우 오용의 소지가 충분하다고 비판한다. 반대자들은 리얼돌의 '사실주의'(realism) 때문에 리얼돌과의 섹스는 매춘이나 강간과 흡사하다고 비판하지만, 찬성자들은 다시 리얼돌이 인간이 아니기 때문에 문제가 없다고 주장한다.[49]

리얼돌을 비판하는 사람들은 건강한 성적인 관계가 인간과 인간 사이의 친밀함에 토대를 두고 어떤 성행위를 할 것인가에 대한 타협을 통해 이루어진 것이어야 한다고 주장한다. 이런 관점에 의하면 매춘은 이런 친밀함과 타협이 배제된 것이며, 여성을 섹스의 대상이 되는 몸만을 가진 존재로 간주하는, 착취적이며 반문명적인 것이다. 이런 관점에서 보면 리얼돌과의 성행위는 실제 인간을 착취하는 것은 아니지만 매춘과 흡사한 점을 지니게 된다. 이렇게 생각하면 리얼돌을 사용하는 남성들이 많아질 때 여성을 대하는 태도가 건강하지 않은 것으로 바뀔 수 있고, 결국 우리 사회에 일종의 문화적인 위해(cultural harm)를 가할 위험이 있다.[50] 이런 주장을 비판하는 사람들은 가까운 미래에는 '로봇 섹스'가 일상적이 될 것이며, 리얼돌은 이런 로봇 섹스 시대의 징검다리 정도의 의미를 지니는 것이라고 해석한다. 이들에게 로봇 섹스의 세상은 필연적으로 도래할 미래이기 때문에, 리얼돌을 거부하는 것은 시대에 역행하는 일일 뿐이다.[51]

이러한 논란 속에서 간과되는 지점은 리얼돌을 사용하는 사람들이 어떤 이유로, 어떻게 이 인형을 사용하는가라는 문제이다. 리얼돌에 대해서는 여성학, 철학, 법학적 관점을 가지고 이 주제를 분석한 논문들이 있지만, 우리나라는 물론 외국에서도 리얼돌의 사용자들을 분석한 연구는 아주 드물다.[52] 61명의 리얼돌 사용자를 대상으로 한 2012년의 한 연구는 사용자의 88%가 여성 인형을 사용하고 12%가

남성 인형을 사용하는데, 답변자의 70%가 이를 섹스의 목적으로 사용하고 나머지 사용자들이 섹스 외의 목적으로 이를 사용함을 보여주었다.[53] 최근에 이루어진 83명의 사용자를 설문조사한 결과는 (복수 응답을 허용했을 때) 리얼돌과의 관계를 섹스라고 대답한 경우가 77.1%, 반려관계가 56.6%, 사랑하는 관계가 47%, 친구 관계가 30.1%, 페티시가 17%라는 답을 보였다. 리얼돌을 부르는 방식도 (복수 응답을 허용했을 때) 애인(lover)과 반려인(companion)이 각각 43.8%와 42.5%를 차지했다. 그렇지만 이를 장난감이라고 부르는 사람도 31%였다. 이런 결과는 리얼돌의 소유 목적이 섹스 외에도 꽤 존재하며, 섹스가 주 목적일 경우에도 단순한 자위기구 이상의 역할을 하는 경우가 있음을 보여준다.[54]

미국에는 '아이돌레이터'(iDollator)라는 집단이 있는데, 이 집단은 리얼돌을 섹스를 위해서만 사용하지 않는 사람들의 모임이다. 이들은 자신이 소유한 리얼돌의 과거에 대한 이야기를 지어 주고, 한 개 이상의 리얼돌을 소유한 경우에는 각각에게 성격과 역할을 부여한다. 이들은 리얼돌과 함께 쉬고, 먹고, 사진 찍고, 음악을 듣고, (섹스를 포함해서) 잠을 잔다. 이들 대부분은 정상적인 사회생활을 하지만 여러 이유에서 인간 이성과 안정적인 관계를 맺는 것이 불가능하거나, 이를 어려워하거나 피하는 사람들이다. 보통 사람들에게 이들은 인형에서 성적 만족을 찾는 페티시즘을 추구하는 사람으로 보이지만, 이들은 자신들이 리얼돌과의 관계에서 인간과의 관계에서 느끼는 것과 비슷한 다양한 관계성을 느낀다고 말한다.[55]

아이돌레이터의 멤버인 데이브캣(Davecat)의 인터뷰는 이를 잘 보여주는데, 그는 자신이 시도어(Sidore)와 엘레나(Elena)라는 인형과 맺는 관계를 다음과 같이 정리한다. “시도어와 엘레나는 내가 없었다면 존재하지 않았겠지. 그러나 그들이 없었다면 나는 훨씬 더 쪼그라든 사람이었을 것이다. 나는 그들에게 크게 빚을 지고 있다.” 한국에서도 리얼돌 사용자들이 늘고 있는데, 리얼돌과 100일 기념 동영상을 유튜브에 올린 한 사용자는 자신과 리얼돌의 관계를 이렇게 묘사한다. “저에게 있어 이 시간은 행복한 일이며 기쁜 일입니다. 외로워 죽는 것보다 나아요. 이렇게나마 누군가하고 식사를 하며 기념일이라는 시간을 보낼 수 있어 행복합니다 […] 리얼돌은 누구에게는 “반려인형”이고 소중한 가족입니다. 살아 있는 것만 가족은 아닙니다. 그 사람에게는 살아 있을 수 있습니다.”[56] 많은 사람들에게는 역겹다고 생각되는 리얼돌이 이들에게는 반려종, 혹은 공동생성의 존재인 것이다.

6. 결론

인간과 기술의 관계를 파악할 때 자주 사용되어 온 은유는 주인-노예의 관계였다. 베이컨과 같은 휴머니스트에게 인간은 주인이었고, 기술은 노예였다. 인간이 기술을 만들었기 때문에 인간은 기술을 잘 알고 있고, 그래서 인간의 목적을 위해 이 충실한 노예를 마음대로 부려도 된다고 보았다. 로봇(robot)의 어원이 노예의 노동을 의미하는 로보타(robota)에서 나왔듯이, 기술은 인간을 위해서 기꺼이 봉사하는 존재였다.

그런데 산업혁명 이후 반전이 나타났다. 인간을 도우라고 공장에

설치한 기계가 인간을 쫓아냈던 것이다. 거꾸로 인간이 기계의 노동에 맞춰서 일하기 시작했다. 주인과 노예의 변증법을 제안한 철학자 헤겔은 노예가 점점 더 많은 일을 하면서 주인은 노예에 종속되고, 거꾸로 노예가 능력과 힘을 가져서 반역을 일으키는 상황이 도래한다고 경고했다. 산업혁명 이후 기술의 경우를 보면, 인간이 만든 기술이 주인을 몰아내고 힘을 가지게 된 것이다. 주인-노예가 뒤바뀌어서 기술이 주인이 됐고 인간이 노예가 된 것이다. 20세기 휴머니스트 사상가들은 이런 상황을 개탄했다. 이들은 인간이 앉아야 할 자리를 차지한 기술을 몰아내고, 인간에게 다시 권능을 부여하는 길만이 이런 문제를 해결할 수 있는 방안이라고 강조했다.

반면에 포스트휴머니즘 테크놀로지는 주인-노예의 은유 대신에 반려종, 공동생성, 골칫거리들과 함께 살기 등을 제안한다. 포스트휴먼 테크놀로지에 의하면 기술-인간은 오랜 공진화를 통해 쌍방향적이고, 중층적이며, 복잡한 관계를 맺어 왔다. 수백 만 년 전의 인류는 기술을 만들고 사용하면서 지금의 인간이 되었고, 인간이 만든 기술은 인간과 결합해서 복잡한 사회를 만들었으며, 그 사회는 다시 복잡한 기술을 만들었다. 그리고 지금 이 순간에도 인간-기술은 서로가 서로를 만들고 있다. 이런 관계에 있는 기술과 인간은 반려종이라고 규정할 수 있다. 이렇게 볼 때 기술에 지나치게 의존하는 것, 혹은 기술을 배제하는 것 모두 다 반려종의 관계는 아니다. 서로가 성장하는 건강한 상호 관계를 유지해야 반려종이라고 볼 수 있기 때문이다. 이 건강한 관계란 관계를 맺을 때 생기는 놀라움, 의외성, 비예측성, 상호 변형의 가능성 등을 다 포용할 수 있는 열린 자세를 포함한다. 우리는 기술이 인간 사이에 들어왔을 때, 또 인간이 기술 사이에 들어왔을 때 어떤 결과를 낳을지 미리 알기 힘들다.

그렇다고 해서 책임성(responsibility)이라는 주제를 희석하자는 것은 아니다. 포스트휴먼 테크놀로지의 관점에서 보면 공동생성이 낳는 긴장을 창조적인 것으로 유지하면서 반려종의 궤적을 애정과 배려의 시선으로 추적하고, 그 궤적이 빗나갈 때 개입하는 것이 인간의 책임성이다. 여기에는 이에 대한 기술의 반응 능력이 어떤 방향을 향하는지를 조심스럽게 관찰하는 것까지도 물론 포함한다. 문학, 역사, 철학을 탐구하는 인문학은 포스트휴먼 테크놀로지의 관점에 기반해서 기술을 반려종으로 이해하고, 기술이 어떻게 인간의 일부를 구성하는가를 구체적으로 탐구함으로써 이런 책임성을 부각하는 데 중요한 역할을 할 수 있다.[57]

3

포스트휴먼 사회의 동물권과 생명

인간, 동물, 인공지능의 생명 존재론

우희종

(서울대학교 교수, 수의학)

I. 들어가며

포스트휴먼 사회로의 진입은 전통적인 기술, 문화, 인간 관념에 대한 비판적 재검토를 요청한다. 이는 사회의 미래와 생명계 전체를 향한 지구건강의 관점이 야기 하는 상상력과 추동력에 기인한다. 로봇, 인공지능과 같은 비인간의 지위에서부터 인간과 긴밀한 관계를 맺고 있는 동물에 이르기까지 사물과 생명에 관한 지위와 권리의 모색은 인간 너머의 세계를 준비하는 포스트휴먼 시대의 중요한 과제로 부각된다.

포스트휴머니즘은 사물, 로봇, 인간, 동물, 자연, 지구의 권리와 그 권리의 깊은 연결을 중요하게 탐색한다. 이 연구는 포스트휴먼 사회의 중요한 화두인 사물, 인간, 동물의 관계를 중요한 출발점으로 삼는다. 특히 이 연구는 지구의 핵심 주체로서 동물에게 고유한 가치를 부여하는 동물권 탐색을 주요 과제로 삼는다. 동물에 대한 관심은 동물의 지위에 대한 발견과 의미 부여를 뜻한다. 더 나아가 인간과 함께하는 지구의 공동 구성원으로서 동물의 권리에 대한 탐색과 연결된다.

이 연구는 첫째, 사물, 인간, 동물의 관계를 지구건강의 관점에서 조명한다(Ⅱ). 둘째, 비인간의 지위, 특히 비인간에 어떠한 권리 부여가 가능한지를 암중모색하면서 로봇권과 동물권의 관계를 다룬다(Ⅲ). 셋째, 사물, 인간, 동물의 관계를 이성과 감정의 관점에서 재구성한다(Ⅳ). 넷째, 사물과 동물의 권리 모색을 고통(suffering)과 통증(pain)의 관점에서 조명한다(Ⅴ). 다섯째, 코로나19 이후 새롭게 전개되는 새로운 생명의 존재론과 생명의 정치철학의 가능성을 탐색한다(Ⅵ). 마지막으로 새로운 생명 존재론 구성을 위한 제안을 결론으로 제시한다(Ⅶ).

Ⅱ. 포스트휴먼 사회와 지구건강

포스트휴머니즘은 근대 사회의 기본 가치인 휴머니즘(Humanism)에 기반을 둔 인간 중심의 사고(Antropocentrism)를 넘어서려는 사상과 운동이다.[1] 이 논의의 출발은 미셸 푸코(Michael Foucault) 등 포스트모더니스트들의 사상적 논쟁과 격변을 거친 1990년대로부터 볼 수 있지만, 동시에 인공지능(AI) 및 4차 산업 분야의 대두와 함께 본격적으로 이루어졌다. 특히 포스트휴머니즘은 '인간'과 인간과 유사한 '기계'의 새로운 관계 설정과 탐색에서 본격적으로 시작되었음은 분명하다. 이 지점에서 포스트휴머니즘은 아직은 과학기술에 의한 인류의 증강을 지향하는 트랜스휴머니즘과 사상적으로 병존하고 있다.

장차 자율적 인공지능의 등장이 예상됨에 따라 인간 중심적 사고를 벗어나야 하는 인간이 대면하는 질문은 인간이란 무엇이며, 인간을 인간답게 만드는 요소가 무엇인가이다. 이어지는 질문은 인간과 소통하며 인간의 한계를 넘어서는 인공지능을 어떻게 보며, 이들과의 관계설정을 어떻게 맺을 것인가의 문제이다.

하지만 트랜스휴머니즘이 인간 위주의 근대적 사유방식을 담고 있듯이, 포스트휴머니즘의 문제의식 역시 스스로 극복하고자 하는 인간 위주의 사고방식에서 완전히 벗어나지 못하고 있는 듯하다. 왜냐하면 포스트휴머니즘에서 제기된 여러 쟁점에서도 인간 삶의 터전인 지구 생태계의 다양한 구성원들에 대한 전 방위적인 고려가 미흡해 보이기 때문이다. 포스트휴머니즘 논의의 중심이 인간일 수밖에 없음을 인정하지만, 새로운 관계 모색과 논의의 대상이 인공지능과 인간에만 협소하게 국한되는 점은 극복되어야 한다.

지구 생태계에 존재하는 다양한 구성원들의 상호의존성은 생태학의 기본적인 바탕을 이룬다. 그러므로 건강한 포스트휴머니즘은 지구 생태계를 구성하는 다양한 종류의 생명체들, 동물, 식물, 세균 등에 대한 진지한 성찰과 그 의미의 고려에 기반을 두어야 한다. 이 기반에서 인공지능이 야기하는 사회 변화를 종합적으로 검토하는 것이 필요하다. 특히 미래 사회 변화의 종합적 구상을 지구 생태계의 관점에서 접근해야 할 필요가 있다.

2010년경에 시작되어 현재 국제 보건기구의 기본 입장으로 전개되는 사람동물환경의 통합건강(One Health)[2] 논의는 이 점에서 건강한 포스트휴머니즘 형성의 중요한 기초를 제공한다. 특히 최근 제시되는 지구건강(Planetary Health) 개념에 이 정신이 잘 담겨 있다.[3] 지구건강 개념은 2015년 록펠러 재단과 의학 전문지인 랜싯(Lancet)의 공동 제안으로 출발하였다. 이 개념의 구상에는 야생동물보존협회(WCS)가 함께하였으며 하버드 대학에서는 중요한 학부 강좌로 이미 자리 잡았다.

생태문명(Ecological Civilization)의 접근[4]과도 일맥상통하는 지구건강의 관점은 인간 문명과 더불어 문명의 중요한 기반이 되는 자연 생태의 건강성 확보에 중요한 관심을 기울인다.[5] 이 관점은 단지 인류를 위협하는 질병이 없는 사회 모색에만 제한되지 않는다. 더 나아가 생태계 구성원 모두의 건강성(Well-being)을 지향한다. 특히 지구적 규모로 생태계를 위협하고 있는 인류 지식의 구조와 지배 체제에 대한 우려가 담겨 있다. 그런데 이 지구건강이라는 의제는 기존의 세계건강(Global Health)과의 차별성을 지닌다. 지구건강의 의제는 인류 문명이 근간하고 있는 자연 생태적 중요성에 더욱 주목하고 있다는 점에 그 차별성이 있다.

이러한 추세는 현재 자율적인 인공지능체를 전제로 활발히 진행되는 포스트휴머니즘 논의에 새로운 성찰의 지평을 제공한다. 현재의 인공지능이 언젠가 특이점을 넘어 그동안 지구상에 없었던 초지능(Superintelligence)으로 등장한다 해도[6] 이에 대한 관계 모색은 지구건강의 관점에서 진행되어야 할 것으로 보인다. 인공지능의 발전과 기술의 혁신을 인간과 사회 범주에만 맞추어 대응하는 것을 넘어서서 지구건강의 관점에서 그 빛과 그림자를 조명해야 할 필요성이 중요하게 부각된다.

Ⅲ. 비인간의 지위: 로봇권과 동물권

포스트휴머니즘은 비인간의 새로운 지위에 대한 모색을 '로봇권'과 '동물권'의 확장을 통하여 진행한다. 특히 포스트휴머니즘의 여러 사회적 논의 가운데 하나로 로봇에 부여하는 '로봇권'이 더욱 적극적으로 거론된다. 인간과 관계를 맺는 새로운 타자에 정체성과 그 의미를 부여하는 것은, 타자에 권리를 부여하는 것과 연결된다. 특히 이 '권리'는 인간우월적 종차별(speciesism)의 위계에서 부여되는 인간중심주의적 권리 개념의 탈피를 동시에 담고 있다.

로봇이 인간과 마찬가지로 감정과 사고와 의지 능력을 지닐 것으로 간주할 때 인간은 로봇에 어떠한 태도를 취해야 하는가. 인간과 로봇 양자 모두 일종의 정보 시스템으로 이루어졌다는 해석에 기초하여 로봇을 인격체로 간주하는 로봇권리장전(The Rights of Robots) 제정이 주장된 바 있다. 미래학자 짐 데이토(James Dator)는 로봇이 인간의 노예 지위에 종속되지 않아야 하며, 로봇의 권리를 보장해야 한다는 주장을 제안하기도 하였다.

로봇에 인격과 권리를 법적으로 부여하는 법인격 문제는 로봇을 도덕적 행위자(AMA: Artificial Moral Agent)로 볼 수 있는가의 문제와 연결된다.[7] 로봇과 인공물의 법적, 도덕적, 인격적 문제에 대한 사회적 규범 마련이 더 중요해져 가는 상황이다. 이러한 변화의 흐름을 반영하여 유럽의회는 2017년 "로봇공학 분야 민법 규칙"(European Civil Law Rules in Robotics)을 발표하기도 하였다.[8] 로봇이 엄밀한 의미의 생명체는 아니지만 존재물로서 권리가 인정되어야 한다면, 인간의 존속과 연결된 로봇을 포함하는 또 다른 수많은 존재들의 권리 역시 인정해야 하는 것은 당연한 수순이다. 포스트휴머니즘 시대 인간과 로봇의 바람직한 공존을 위한 '로봇권'의 모색은 계속 진화 중이다. 또한 인간과 동물, 인간과 자연의 새로운 의미와 권리 부여가 진행되고 있다.

2008년 에콰도르 제헌의회는 안데스와 아마존이라는 생태계에 의존하여 살아야만 하는 자신들의 입장에 따라 숲속 동물들에도 생존권을 보장하는 취지로 자연에 권리를 부여하는 '자연권' 헌법을 제정했다. 자연이 인간을 위한 종속적 활용 가치만으로 그 의미를 지니는 것이 아니라 그 이상의 본질적 가치(*valor intrinseco*)가 있음을 헌법을 통해 인정함으로써, 인간과 마찬가지로 자연의 모든 생물에게도 지속해서 존재하고 재생하며 진화할 수 있는 권리를 부여했다.[9] 이제 자연은 착취의 대상이 아니라 존중의 대상으로서 그 자연이 새로운 법적, 도덕적, 인격적 의미를 부여받는 과정에 있다. 이러한 자연의 권리에 관한 새로운 노력의 여정을 법률가인 데이비드 보이드(David Boyd)는 다음과 같이 표현한다.

> 자연의 착취를 멈추고 자연의 존중으로 이행하려면, 우리의 법, 교육, 경제, 철학, 종교, 문화에 걸쳐 엄청난 변화가 필요하다. [⋯] 모든 살아있는 존재가 공통의 조상을 두고 있으며 누구나 생존을 위해 공기, 물, 대지, 햇빛에 의존한다는 것은 과학적인 사실이다. 우리는 인간이 수백만의 다른 놀라운 종과 연결돼 있다는 사실을 인정해야 한다.[10]

인간 중심적 관점이 아닌 생명과 생태 중심의 관점에서 국가와 사회적 제도를 재구성하는 일련의 흐름을 독일에서 발견할 수 있다. 독일은 국가가 미래 세대의 관점에서 생명의 자연적 기반과 동물을 보호할 책임을 진다는 내용을 2002년 6월 21일 세계 최초로 헌법에 명시하였다.[11] 이는 사회구성체의 여러 인식 변화와 노력을 통하여 생명권과 동물권을 국가의 헌법으로 입법화한 활동의 매우 상징적인 성과물이었다. 독일은 이러한 법적 변화를 통하여 동물권을 보장함으로써 공장식 사육을 개선하고, 더 나아가 동물의 지위에 대한 새로운 사회 제도적 전환을 촉발하였다.

포스트휴머니즘은 현재 존재하는 인간과 동물의 관계에 대한 비판적인 질문을 던진다. 인간과 동물의 지배-피지배 관계를 넘어서는 비판적 의식 속에서 동물을 대하는 인간의 성숙한 관계 가능성을 탐색한다. 역사적으로 인간과 동물의 지배-피지배 관계는 동물을 가축화하면서 등장하였다. 새로운 종의 동물에 대한 사육과 인구의 집중은 자연 상태의 동물 분포형태를 왜곡시켰다.[12] 결국 왜곡은 인간-동물의 근원적 관계의 해체를 넘어선 다양한 생명, 사회, 환경의 문제를 발생시켰다.

인간은 인간이 길들인 야생동물종을 가축으로 대체해 버렸다. 인간의 숫자가 늘어나는 만큼 가축들의 숫자도 늘어야 했기에 거대한 공장식 축산업을 일으켰다. 이는 감염이 널리 퍼지고 병원체가 새로운 형태로 진화할 수 있는 무한한 가능성을 열어 줌으로써 이제 우리 자신까지 감염시킬 수 있는 능력을 부여했다. 이제 인수공통감염병(zoonosis)은 생태학과 진화생물학뿐만 아니라 지구촌 모든 생명의 절

박한 과제가 되어 버렸다.[13]

생명을 위협하는 질병의 교류와 감염증의 확산을 막기 위해서는 이를 둘러싼 경제, 정치 시스템에 대한 비판적 분석과 함께 생명 구성원에 대한 이해의 전환과 그를 기초로 한 제도적 재구성이 요구된다. 후기 산업사회에서 인간 이외의 생태계 구성원에 대한 권리 인정과 존중을 향한 인식의 변화는 점진적으로 확산되고 있다.

Ⅳ. 사물, 인간, 동물의 관계론: 이성과 감정

그렇다면 로봇과 인간과 동물의 관계는 어떠한 방식으로 분절적이며 연속적인가. 미래 기계, 인간, 동물의 관계는 어떻게 재구성되어야 할 것인가. 오늘 생명 감수성의 전환 이전 과거의 인간과 동물의 관계에 대한 회상과 검토가 필요하다. 인간은 동물을 어떻게 해석해 왔을까. 인간과 동물은 상호 어떠한 관계를 맺어 왔을까. 동물은 근원적으로 인간과 친화적 존재였을까. 아니면 다른 사물보다 훨씬 낯선 존재였을까. 발터 벤야민(Walter Benjamin)은 동물과 인간의 관계를 주목하였다. 특히 그는 동물과 인간의 이질적 관계와 그 둘 사이의 심연에 대하여 다음과 같이 조명하였다.

> 동물에 대한 혐오감 중에서 가장 우세한 느낌은 접촉을 통해 동물에게 인식되는 것에 대한 두려움이다. 인간의 깊은 곳을 뒤흔드는 공포는 인간 안에 무언가가 동물과 너무 비슷하기에 동물에게 인식될 수 있다는 모호한 자각이다. 모든 혐오감은 접촉에 관한 혐오감이다.[14]

인간과 동물의 친화성과 생존을 위한 낯섦 사이의 흔들림에서 동물은 인간으로부터 끊임없이 타자적 관계로 배제되었다. 분명 인간은 동물과 함께 더불어 공존하고 그들을 대면하며 그들에게 이름까지 부여한다. 그러나 동시에 인간은 동물을 마치 생명을 갖지 않은 물건처럼 대하고 그들을 수단화하며 인간의 이해관계에 따라 이용하기도 한다.[15]

근대적 사유의 근간을 이루는 데카르트는 합리적 이성을 강조하면서 중세로부터 인간을 되찾아 왔지만, 동물이란 기계에 불과한 것으로 보았다. 특히 살아 있는 세계에 대한 근대적 인식에는 생물학적인 세계에 대한 과학적 합리주의의 인식과 보급이 중요한 몫을 담당하였다. 인류학자 에두아르도 콘(Eduardo Kohn)은 생물학적인 세계에 대한 인간의 해석 방식과 그로 인한 변화에 대하여 다음과 같이 분석한다.

> 우리 시대의 분석 틀 내에서는 생물학적인 세계가 살아있는 사고로 구성되어 있다고 이해하는 것이 매우 어렵다. 근대 세계를 탈주술화(discenchantment)의 과정으로 본 막스 베버의 진단에 따르면, 이는 부분적으로 과학적 합리주의의 보급이 만들어낸 효과이다. 우리가 점차 기계론적으로 세계를 보게 되면서 우리는 한때 세계 속에서 인식되던 목적성, 유의미성, 수단-목표 관계—간단히 말해, 수단(means)과 의미(meaning) 간의 밀접한 관계를 강조하기 위해 내가 부르는 바로는 의미-화(mean-ing)—에 관한 시야를 잃고 말았다. 이제 세계 속에서 더 이상 목적이 발견되지 않는다는 점에서 세계는 탈주술화되었다. 세계는 문자

> 그대로 무의미한 것이 되었다. 이러한 과학의 비전이 더 많은 영역을 아우르기 위해 확장함에 따라, 목적은 갈수록 축소되는 인간적인 혹은 영적인 영역으로 내몰렸으며 일상세계로부터 더 멀어지게 되었다. 만약 비인간적인 세계를 조작하기 위한 지식과 방법의 근대적 형식이 세계를 기계장치로 보는 이해에 의해 특징지어진다면, 탈주술화는 당연한 귀결일 것이다.[16]

살아 있는 것에 대한 근대적 인식을 넘어선 생명의 비분절적 인식론의 구성이 요구된다. 그렇다면 사물, 동물에 대한 새로운 인식론의 모색이 어떻게 가능할 것인가. 특히 인간-비인간이라는 근대적 이분법 논리를 벗어나서 인간은 비인간과 동물을 향한 시선을 어떻게 열 수 있을까. 예를 들어 이성은 인간-동물의 차이를 만드는 중요한 논거로 해석되어 왔다. 하지만 동물도 초보적인 논리에 근거한 이성 작용을 하고 있다. 또한 정신지체 장애인과 같이 이성 능력이 현저히 떨어진 인간도 인간으로서의 권리가 존중되듯 이성 능력의 관점만으로 동물을 차별할 근거는 없다. 신이 곧 자연(*Deus sive natura*)이라는 관점을 제시한 스피노자를 비롯하여, 동물에 대한 윤리적 대우를 강조하는 피터 싱어(Peter Singer)[17]나, 모든 생명체를 민주주의 구성원으로 포함시키는 게리 스나이더(Gary Snyder)[18]와 같은 해석의 관점이 여기에서 정당성을 얻는다.

근대의 데카르트적 이성을 중심으로 사물의 질서를 해석하는 사회에서는 인간의 이성과 유사하거나 월등한 사고력을 지닌 로봇에게 로봇권을 부여할 수도 있다. 이는 포스트휴먼 사유의 긍정적 역할과 해석의 기여와도 연결된다. 그러나 근대적 사유 체계를 넘어 보다 풍성하고 안정된 포스트휴먼 논의를 구성하려면 이성 중심 사고의 한계를 극복할 필요가 있다. 더 나아가 인간 외의 생태계 구성원과 구성물에 보다 의미를 두는 지구건강을 생각한다면, 지구 생태계 구성체 모두에 일정 부분 권리를 인정해야 하는 광범위한 해석의 노력이 진행되어야 한다.

물론 생태계 구성원이라 하여도 생태계 내에서의 자연적인 지위 역시 먹이 사슬의 형태로 존재한다면 모든 구성원이 기계적으로 동등한 권리를 지닌다고 단선적으로 주장할 수도 없다. 생태계 내의 자연스러운 위치에 준하는 권리 내지 존중을 확보하기 위한 인식의 심화를 통하여 장차 사람, 동물, 자율 로봇 간의 균형 잡힌 건강성을 확보하는 것이 매우 중요하다.

이러한 이유로 건강한 포스트휴먼적 관점은 대표적인 세 구성원의 유사성과 차이점을 살피며 지구 생태계 내에서 각각의 위치를 명확히 하여 각각에 맞는 권리를 인정해야 할 것이다. 특히 지구건강 차원에서 '유사성'이 중요하게 상호 존중의 근거로 수용되고 있다면, '차이점'에 대한 조명에서 세 구성원 간의 권리를 더욱 정합적으로 규정하는 기준으로 삼을 수 있다.

비인간, 인간, 동물의 유사성과 차이점을 둘러싼 쟁점 가운데 하나는 '감정'의 문제이다. 감정의 차이에 대해 주목하는 관점은 다음과 같다. 비록 생명체와 인공 생명이 그 형태에서 유사성이 있지만[19] 사람과 동물은 감정을 가진 존재이자 타자와 공감할 수 있는 존재라는 점에서 인공 로봇과의 차이를 끄집어 낼 수도 있다. 동시에 감정의 유사성에 주목하는 관점 또한 존재한다. 즉 생명체의 감정 역시 사고능력과 더불어 신체에 근거한 정보 시스템의 작동으로 해석할 때[20] 미래의 로봇도 인간이나 동물 수준의 감정을 가질 것으로 예상하는 관점이다.

정보 시스템으로 이뤄진 사고력과 감정을 로봇이 가지게 되었을 때 인간과 무엇이 다를 것인가에 대한 질문은 많은 공상과학에서 다루어지기도 하였다. 심지어 미래 사회에서는 이러한 인공적 감성이 지닌 시장성으로 인해 사람보다 더한 감성을 구현하고 지닐 수 있다고 해석하는 관점도 있다.[21] 이제 감정의 지위로 비인간, 인간, 동물의 정체성과 권리를 모색하는 논의는 고통과 통증의 문제로 확산된다.

V. 생명의 권리 모색: 고통과 통증

희로애락의 감정의 관점에서 인간, 동물, 로봇이라는 각 구성원의 차이를 찾을 수 없다는 점에서 생명체가 느끼는 '고통'을 강조하는 것은 일견 설득력을 지닌다. 그러나 이에 대한 상이한 해석의 갈등이 존재한다. 여기에서 유기적 생명체가 느끼는 고통과 기계 부품의 조합과 정보망으로 이뤄진 자율 로봇이 느끼는 고통의 차이는 중요한 논쟁점이다. 대니얼 데닛(Daniel Dennett)과 자크 데리다(Jacques Derrida)는 사람과 동물이 지니는 인식의 현상학적 해석에서 고통의 지위를 성찰한다.[22] 고통은 인식의 하나의 내용이며, 인식은 고통을 인지하는 형식이다. 특히 우리는 고통을 정신적인 고통(suffering)과 신체적 통증(pain)으로 나누어 이해할 수 있다. 사람은 물론 동물도 정신적 고통을 느끼는 것으로 여겨진다.[23] 위에서 주목한 것처럼 만약 자율 로봇이 감정을 가진다면 그 감정 경험의 여러 내용 가운데 하나는 감정적인 고통으로 구성될 것이다.

생명 생태계에서 사람과 동물의 지위를 결정적으로 구별하게 하는 지점은 인지과학자들의 주요 연구 대상인 메타인지(meta cognition)에 있다. 이 메타인지는 단순한 인지작용을 넘어선다. 메타인지의 출현에서 동물과 인간은 그 정체성과 방향을 달리한다. 그렇다면 생명체와 자율 로봇의 생태적 지위는 어떠한 점에서 구별되는가. 이는 "신체적 통증"에서 찾을 수 있을 것이다. 신체적 통증에 관한 논의는 동물권의 지위에 대한 모색의 관점에서도 보다 다각도로 전개될 필요가 있다. 메타인지의 출현에서 인간과 동물이 구분된다면, 신체적 통증에서 인간과 동물은 구분되지 않는다. 그렇다면 자율 로봇에 신체적 통증이 존재하는가. 인간 및 동물과 달리 재현 가능한 과학기술의 산물로서 고도의 기계 부품으로 이뤄진 자율 로봇이 비록 정보 체계로서의 고통을 재현한다 하더라도, 그에게 "신체적 통증"이 있을 수 있는가.

생명체의 특징 중의 하나는 개체 고유성(individuality)이다.[24] 일반적으로 사람의 개체 고유성을 인정하면서 정신적 자기를 쉽게 생각하지만, 신체적 자기에 대해서는 간과하기 쉽다. 하지만 생명체 각각의 개체 고유성은 오히려 "신체 고유성"에서 그 특징이 두드러진다. 이미 위에서 언급한 바와 같이 생명체의 정신작용은 철저히 신체의 감각기관에 의존하여 외부와의 관계 속에 형성된다. 생명체의 정신작용은 외부 자극-반응-기억-망각의 형태로서, 뇌 신경계라는 닫힌 물질적 구조에 근거하는, 물질화되지 않은 신체 일부로 볼 수 있다. 이는 동일한 외부 자극-반응-기억-망각의 구조를 지니고 있지만 면역계라는 열린 구조 속에서 신체적 자기를 형성한다.

이 연구는 생명체와 유사한 정보 체계를 지닌 자율 로봇의 사고능력이나 감정 체계가 동물이나 인간과 유사할 수 있다는 가능성에 주목한다. 그러나 여러 부품으로 이루어지고 언제라도 대체 가능하다는 점에서 자율 로봇이 신체적 통증을 지니는가에 대해 더욱 비판적으로 살펴볼 필요가 있다. 자율 로봇에게 신체적 통증은 무엇인가. 자율 로봇은 자신의 일부가 손상되거나 파괴되었을 때 로봇 개체를 유지하는 통합성을 지향하는 회로가 손상에 대한 경고 신호를 일종의 위험 신호로 받아들여 자율적으로 수리를 하거나 수리 장소로 이동할 수 있다. 그렇다면 여기에서 자율 로봇의 신체적 통증은 어디에 존재하는가.

분석적 환원론에 근간한 근대 면역학에서는 여전히 난치병인 자가 면역 질환을 설명하는 하나의 시도로서 위험 신호설(danger theory)이 있다.[25] 생체 내 수많은 물질과 세포들의 상호관계로 이뤄지는 면역 현상을 설명하면서, 면역계를 네트워크의 그물 구조로 이해한 것은 1970년대이지만[26] 위험 신호설은 기존 면역학의 도식적인 자기-비자기(self-nonself) 개념을 넘어, 안정되고 균형 잡힌 건강한 그물 구조 상태를 흔드는 내/외부의 위험 내지 손상 신호와 이에 대응하는 반응으로서 면역 현상을 파악한다.

생체와 자율 로봇 역시 개체성이 손상되는 상황에서 위험 신호를 받게 되고 이에 반응하는 것은 유사하지만, 로봇은 굳이 생명체가 느끼는 통증을 느낄 필연적 이유는 없다. 이 점에서 생명체와 초지능으로 대표되는 자율 로봇의 기본적 차이는 사고 능력이나 감정 혹은 의지보다는 '통증'에 있을 것이다. 이제 지구 생태계의 균형 잡힌 상태를 위한 각 구성원에 적합한 위상을 부여하고 그에 적합한 권리를 모색함에 있어서 중요하게 부각되는 하나의 준거점은 "신체적 통증"이 된다. 이 준거점을 통하여 '동물권'과 '로봇권' 사이의 분화된 지위의 재구성이 가능해진다. 즉 통증을 느끼지 못하는 자율 로봇에 '로봇권'이 인정된다면, 통증을 느끼는 면에서 인간과 다를 바 없는 동물에게 '동물권'은 지극히 무엇보다도 선행되어야 할 권리임은 더 말할 나위 없다.

VI. 코로나19 이후의 새로운 생명정치

지난 1980년대 초 미 서부지역을 중심으로 시작되어 사람들의 생활양식은 물론 1960-70년대의 반전 평화와 개인 자유를 강조하는 당시 젊은이 문화를 단번에 종식시키고 미국 사회를 보수화시킨 질병은 에이즈였다. 에이즈는 지난 2019년 말 기준으로 약 40년 동안 8,000만 명의 감염자를 발생시켰고, 3,300만 명의 사망자를 낸 것으로 알려져 있다. 한편, 2020년 발생이 보도된 코로나바이러스감염증-19(COVID-19) 사태는 현재 진행형으로서 세계적으로 많은 사망자가 발생되었다. 코로나19의 유행은 지난 에이즈 사태에 이어 인류의 생활양식을 바꿀 것이며, 앞으로의 시대적 틀도 바뀌어야만 함을 의미한다.

글로벌 지구촌은 감염 극복을 위한 백신과 치료제 개발과 면역 확보에 사력을 다하고 있다. 특히 한국은 미증유의 국가적 방역 조치와 경제 활동의 위축으로 인한 민생고가 심화되고 있다. 통계청에서 발표한 조사에 따르면 2020년 현재 우리나라는 65세 이상 비중이 전체 인구의 약 15.7%로서 고령사회이며, 2025년에는 20.3%가 되어 초고령사회로의 진입이 예상된다. 코로나19에 대한 고령층의 취약성과 위기는 우리 사회에 장기적 영향을 미칠 것이다.

코로나19 사태를 맞이하여 우리 사회는 무엇을 향해 어떻게 변해야 할까. 가깝게는 이에 대한 국가와 정부의 여러 대안 모색과 처방을 말할 수 있지만, 현재 위기 상황에 대한 응급조치에 머물러서는 안 된다. 또한 인류가 경험하지 못했던 새로운 병원체의 등장은 이번 코로나19만으로 끝나지 않는다. 코로나19를 불러온 우리 상황이 변하지 않는 한, 앞으로 지금보다 더한 위기가 올 수 있기 때문이다.

후기 산업사회이자 신자유주의로 규정되는 우리 시대의 특징은 생산을 위해 황폐해진 지구와 갈수록 격차가 커지고 있는 사회 양극화의 문제이다.[27] 우리는 이 시대를 인류세(anthropocene) 혹은 자본세(capitalocene)라고도 부른다. 인류의 급증과 더불어 자본 생산을 위하여 지구의 지질 변화를 가져올 만큼 지구 생태계를 변화시킨 것을 상징하는 표현들이다. 인류가 겪고 있는 코로나19도 지구 생태계가 한계에 와 있음을 보여주는 셈이다. 특히 코로나19와 같은 문명사회 특유의 감염증 발생에는 '동물'에 대한 인간의 '태도'가 큰 요인으로 작동한다.[28]

그동안 생명 존중과 생태주의의 목소리가 높았음에도 불구하고 생태계는 계속 파괴되었으며 결국 우리에게 코로나19 사태가 발생했다는 것에 주목할 필요가 있다. 세계 유력지도자들이 지구 온난화 해결과 좋은 자본주의를 말하며 스위스 다보스 포럼에 모여 있을 때 이들을 질타한 10대의 툰베리(Greta Thunberg)가 지적했듯이, 듣기 좋은 말을 넘어선 실천을 위한 행동과 이를 위한 정책이 필요하다. 단순한 생태주의를 넘어 진정한 생명가치와 이를 정책으로 구체화시키는 전향적 노력이 코로나19 이후 사회에서 매우 중요하다. 이는 근대의 '위험사회'[29]에서 코로나 이후의 '생명행복사회'로의 전환이라고 부를 수 있다.

생명체의 가장 큰 특징은 개체 고유성이다. 생명체와 생명체가 아닌 것의 차이는 무엇일까. 모든 생명체는 무생물과 달리 저마다의 탄생과 삶을 살다가 각자만의 죽음을 맞이한다. 사람이건 동물이건 식물이건 플랑크톤이건 미생물이건 그것은 변함이 없다. 이 개체 고유성이라고 하는 것은 인간의 개성, 나, 자의식으로 다양하게 해석된다. 그렇다면 나라고 하는 것의 경계는 어디까지일까. 도대체 나는 누구일까. 인간 생명은 분명히 신체를 가지고 있다. 개체 혹은 생명체라고 하는 것은, 발생 해부 생리 구조를 보면 크게 다르지 않다. 그런데 인간의 상식은 종종 '자기'를 정신적인 자의식으로만 제한하는 듯하다. 그러나 생명체는 물질적 몸이 없이는 불가능하다. 신체적인 자기를 담당하는 것은 면역계이다.

신경과학의 대상인 정신적 자기와 면역학의 대상인 신체적 자기 가운데 무엇이 진정한 자기인가. 태어나면서부터 겪어온 모든 외부 자극과 반응과 기억, 망각의 모든 관계가 누적되어서 자기가 형성되고 나라는 생각이 만들어진다. 동시에 면역도 마찬가지이다. 면역도 자기가 어려서 외부와 경험한 세균 등이 다 종합되어 지금의 나의 면역 상태를 만든다. 즉 나의 면역은 관계의 누적이다. 그렇기 때문에 정신적인 나와 신체적인 나 모두 끊임없이 내가 어떤 관계를 맺느냐에 따라 변해가고 바뀌어 간다.

푸코에 이어 생명정치를 이야기했던 아감벤(Giorgio Agamben)은 권력과 함께 '호모 사케르'(*homo sacer*)라는 벌거벗은 투명 인간을 언급했다.[30] 제도권에서 벗어나 있고 제도권에서 언제든지 죽어도 되는, 그들의 죽음에 누구도 관심 가지지 않는 투명 인간에 의해 권력은 존립한다는 것이다. 여기에서는 민주주의나 상식도 권력에는 허울에 불과할 수 있다. 이 지점에서 "나는 살아남는다. 그러므로 존재한다"[31]라는 자크 데리다의 사유는 권력의 관점에서 다시 재구성될 필요가 있다. 권력은 언제나 생명을 가진 이들을 호모 사케르로 만들려고 한다. 그러나 이를 거부하고 저항하며 모든 생명체가 존중되는 또 다른 긍정의 생명정치가 필요하다. 이는 인류세가 자행해 온 '테라 사케르'(*terra sacer*)마저 해방하는 새로운 생명정치이다.

권력은 끊임없이 자신들을 위해 늘 호모 사케르를 필요로 한다. 파시즘, 민주주의, 공산주의, 자본주의 등은 인간과 생명을 통제하기 위한 장치로 퇴락할 수 있음을 우리는 끊임없이 자각하고 비판적으로 성찰해야 한다. 벌거벗은 생명체에 살아 있는 권리를 부여하는 것은 감염병의 시대, 생명 위기의 시대를 극복하는 중요한 출발점이다. 즉 성찰은 우리 사회를 구성하는 다양한 존재들에 권리를 부여하는 작업과 연결된다. 그리고 이러한 의미 부여의 작업은 궁극적으로는 지

구건강을 향한 방향성과 함께 이루어져야 할 것이다.[32]

Ⅶ. 나가며

이 연구는 포스트휴먼 사회를 구성하는 다양한 존재들의 권리 부여를 주요하게 다루었다. 이 연구는 로봇, 인공지능, 인간, 동물과 지구의 권리에 대한 건강한 모색 가능성을 탐색하였다. 특히 동물의 권리 부여의 가능성과 근거에 대하여 탐색하였으며 로봇, 인간, 동물의 관계를 본격적으로 다루었다. 이 연구에서 주목한 것은 동물의 지위와 동물권의 합리적 구성을 향한 모색이다. 인간과 동물의 관계는 동시에 인간과 기계의 관계 설정과 긴밀하게 연결된다.

공격당하는 자율 로봇에 대한 인간의 반응은 무엇일까. 그 반응은 통증을 겪는 로봇에 대한 공감이라기보다는 로봇 소유자의 소유물 파괴에 대한 반응일 것이다. 인간은 인간과 로봇의 관계를 인간 소유 관점을 넘어서서 '감정'과 '통증'의 관점에서 조명할 필요가 있다. 만약 자율 로봇을 생태계 구성원으로 인정하여 로봇에게 권리를 부여한다면, 동시에 혹은 더욱 선행되어 고려되어야 할 것은 인간과 동물의 생태학적 관계성에 기반을 둔 동물권 확보의 문제이다.

포스트휴먼 사회 구성원들의 권리 확보를 위한 근거와 가능성으로, 본 연구는 '통증'을 주목하였다. 만약 인간이 '통증'에 대한 진지한 성찰과 이에 대한 공감능력으로 각각의 구성원들에게 생태계 내의 적절한 위상을 부여한다면, 근대의 휴머니즘은 포스트휴머니즘이라는 새로운 기획 속에서 진정한 의미의 긍정적 휴머니즘을 이루게 될 것이다. 어찌 보면 이는 인류세의 상처와 흔적을 생태계 전체에 만들어낸 우리 인류의 성실한 책임과 의무이기도 하다. 생체적 몸을 기반으로 한 생명은 '통증'으로 자신의 주체성을 드러냄을 잊어서는 안 된다. 통증에 대한 인식과 그에 대한 감각적, 지각적, 인지적 공감과 사유는 새로운 생명 존재론을 모색하는 우리 시대의 중요한 윤리적 함의를 제공한다.

포스트휴먼 담론은 몸의 지위를 중요하게 다루고 있다. 그리스도교는 끊임없이 생명의 화육을 지향하는 종교이다. 신체성은 하나님의 최종 사역이다.[33] 인간과 동물의 몸은 그냥 물체이거나 고깃덩어리가 아니라 살로 이뤄진 활동 주체이자, 의식 형성의 기반이다. 신학적으로 생명의 네트워크 또한 신의 화육의 장이다. 이는 신학적 상징이며 동시에 구체적인 생명의 현실이다. 몸을 몸으로 만들어 주는 최소한의 기본 작용은 신체가 겪고 느끼는 통증에 있다. 죽은 생명체는 통증을 느끼지 못한다.

이 연구는 인간, 동물, 기계의 새로운 관계를 모색하였다. 밀란 쿤데라(Milan Kundera)는 『불멸』에서 모든 생물을 포괄하는 일반적 진실로 '통증'을 주목하였다.[34] 자율 로봇에게 생생한 치통이 없는 한, '로봇권'에 앞서 '동물권' 확보가 선행되어야 하는 이유가 바로 여기에 있다. 지구를 구성하는 다양한 존재들과 더불어 공존하는 것은, 배제당하고 감추어진 존재들의 의미와 생명의 권리를 세우는 것에서부터 시작한다. 거기에서 우리의 미래를 여는 새로운 생명의 깊은 존재론이 탄생될 것이다.

4

휴머니즘의 빛과 그림자

비판적 포스트휴머니즘의 사상적 실험

전철
(한신대학교 교수, 조직신학·종교와 과학)

I. 들어가며

'인간/인류 이후'(post-human)로 번역될 수 있는 "포스트휴먼", 그리고 '휴머니즘 이후'(post-humanism)로 번역될 수 있는 "포스트휴머니즘" 정신은 세련된 인공지능의 등장을 필두로 한 과학 시대와 결합하여 21세기에 들어서 더욱 유행어로 번지고 있다. 포스트휴머니즘에는 인간의 새로운 조건을 둘러싼 철학적 성찰이 누적되어 있다. 포스트휴머니즘 발화와 진화는 긴 역사적 맥락을 지니고 있다. 포스트휴머니즘의 발원을 휴머니즘과 당대적 긴장을 이룬 '반휴머니즘'에 둔다면, 포스트휴머니즘은 상당히 긴 역사적 숙고와 논쟁을 거쳐 계승되고 심화한 사유로 해석할 수 있다. 그러나 이에 대한 개념적이며 철학적인 논의는 20세기 후반 본격적으로 이루어진다.[1] 이제 "인간 이후"에 대한 모색은 더욱 격렬하고 역동적으로 전개된다.[2]

'휴머니즘'은 라틴어 휴머니스타(humanista)에서 파생된 용어이며, 르네상스의 중요한 정신과 특징을 반영하고 있다. 이는 인간을 둘러싼 모든 외부적인 권위와 전통을 거부하고 인간의 고유한 세계와 문화를 옹호하고 구축하려는 문명의 산물이다.[3] 그렇다면 휴머니즘과 포스트휴머니즘에서 말하는 "인간"(human)은 무엇인가. 분명 인간의 본성은 그를 둘러싼 다양한 관계적 조건과 긴밀하게 연동된다. 순수하고 단독적인 주체로서의 불변하는 인간은 존재하지 않는다. 특히 과학, 기술, 자본, 문화가 빠르게 변화하고 있는 상황에서 인간의 새로운 조건과 과제에 대한 새로운 물음은 폭발하고 있다.[4] 포스트휴머니즘 담론은 전통적인 인간 해석의 사각지대를 둘러싼 새로운 질문에 기반을 둔 역동적 해석의 체계이다.

인간 이후의 미래를 그리는 포스트휴머니즘 사유는 어디에서 발원하였는가. 인간이 만나는 그 새로운 조건은 무엇인가. 본 연구는 새로운 포스트휴머니즘의 역사적 계보를 조명하고, 포스트휴먼 사유의 핵심을 검토한다. 특히 오늘날의 휴머니즘 전통을 해체하고 비판적으로 재구성하는 "비판적 포스트휴머니즘"(critical post-humanism)의 사상적 실험을 탐색한다.

Ⅱ. 휴머니즘과 포스트휴머니즘

포스트휴머니즘 현상은 정보과학, 인지과학, 생물학과 나노공학의 급속한 기술적 발전과 함께 1990년대 폭발적으로 확산되었다. 동시에 정치적 문화적 관심 또한 확장되었다.[5] "포스트휴먼"이란 무엇인

가. 혹은 "포스트휴먼적"이란 무엇인가. "인간/인류 이후", 혹은 "인간 너머"의 뜻으로 다가오는 포스트휴먼 논의는 인류의 문화화 과정에서 배척되었던 모든 정신적인 것을 포괄하고, 인류의 '모든 다른 것'—동물, 신, 악마, 괴물 등 모든 것—을 포함하는 사유로 해석할 수 있다.[6] 인간의 본성에 대한 전통적 탐구에 기반을 둔 '휴머니즘'은 마르틴 하이데거(Martin Heidegger)도 지적하였듯 철학과 형이상학의 긴 역사와 궤를 같이하였다. 모든 형이상학은 휴머니즘적이었다.[7] 인간은 인간에게 중요한 질문이었으며, 이는 여전히 유효하다. 그러나 수 세기 우리 문명의 중요한 동력이자 해석학적 기초가 되었던 '인간'에 대한 해석을, '인간 너머'로 확대하고 전환하려는 동기가 포스트휴먼 사유에 있다.

1. 포스트-휴머니즘 해석의 다양성

'포스트휴머니즘'이라는 개념은 다양한 해석의 가능성을 지니고 있다. 반인간중심주의, 관계론적 인간론, 생태학적 세계관과 우주관이 아니라 왜 굳이 포스트휴머니즘이라는 이름을 붙여야 하는가? 그리고 포스트모더니즘(post-modernism)과의 차이점은 무엇인가? 포스트휴먼 논의는 과학기술 문제에 방점을 두었기 때문에 포스트모더니즘이 아닌 포스트휴머니즘이라는 개념을 사용하는 것인가? 오랜 역사를 가진 휴머니즘을 사상적으로 넘어선다는 것이 과연 가능한가? 왜 포스트휴머니즘이란 용어가 우리 사회, 특히 학문의 영역에서 중요한 화두가 되었는가? 우리는 포스트휴머니즘이라는 개념을 둘러싼 여러 질문을 던질 수 있다. 개념은 특정한 문화적 상호관계 속에서 빚어지고 출현한다. 그러나 특정한 문화적 맥락이 담긴 개념이 다른 맥락을 지닌 문화권과 새롭게 만날 때 그 개념은 새로운 해석학적 국면을 맞이한다.

14세기 중반 유럽에서 발원하여 르네상스와 종교개혁을 거쳐 17세기에 이르기까지 큰 영향력을 제공한 휴머니즘(humanism)이라는 개념[8]은 역사적 조건과 문맥에 따라 '인간주의'(人間主義), '인문주의'(人文主義), '인본주의'(人本主義), '인도주의'(人道主義)로 각각 해석할 수 있을 것이다. 주술적이거나 종교적인 차원에서 거대한 힘과 신성에 대한 통치를 거부하고 인간을 세계의 중심으로 해석하는 인간주의, 인간의 중심에 깃든 본성의 함양과 더불어 문화와 문명을 새롭게 전개하는 인문주의, 어떠한 외부적인 권위를 판단의 요소로 삼지 않고 인간의 본성과 사명에 바탕을 두고 진리, 도덕, 아름다움을 모색하는 인본주의, 인간의 존엄성과 인권을 핵심 정신으로 생각하여 인간 공동의 도덕적 가치를 사회적으로 구현하는 인도주의 등 휴머니즘 개념과 그 정신은 다양한 얼굴을 지닌다.

동서양의 사상과 폭넓게 관계하는 휴머니즘 정신을 고려할 때, 특히 동아시아의 관점에서 '휴머니즘'과 '포스트휴머니즘'을 접근하는 것에는 개념적 어려움이 더욱 가중된다. 즉 휴머니즘이 인간중심주의라는 비판을 받기 이전, 즉 바로 한 세기 이전에 동아시아와 한국은 휴머니즘의 득과 실을 쌍방향으로 경험하고 있었다. 백인중심주의적이고 기계 물질문명을 내세운 서양 문명을 '잘못된 휴머니즘'으로 규정하고, 이에 반해 사해동포주의적이며 정신문명이 고양된 동양의 문명을 '건강한 휴머니즘'으로 내세우며 저항했기 때문이다.

제국주의 식민주의 시대로 열강들이 패권을 다투던 19세기 말, 20세기 초 조선에서 휴머니즘은 인간중심주의로 이해되지 않았다. 오히려 인간의 인간에 대한 차별이 횡행하던 때, 인간의 가치와 존중을 고양하는 휴머니즘은 매우 중요한 개념이었다. 1920년대 시기의 휴머니즘 개념은 계몽주의와 결합하여 '인도주의'(人道主義)로 번역되는 경우가 많았다. 자의든 타의든 글로벌 세계에서 인종, 민족의 경계를 넘어서 인간 그 자체를 존중하는 의미로 문명국이 갖춰야 할 '인도주의'가 부각되었던 것이다.

이 인도주의는 공산주의 사회주의 계열의 지식인이 아닌 이상은, 고양된 종교성에 대한 강조가 늘 동반되었던 개념이었다. 특히 기술문명을 내세우며 약소국을 침략한 열강들은, 본인들을 휴머니즘의 담지자나 전문가로 자처했지만, 피식민지국에서 그들은 오히려 기계물질문명에 경도된 휴머니즘의 변절자, 배교자이기도 했다. 따라서 이때의 휴머니즘은 제국주의 열강에 의해 들어온 것이기도 했지만, 피식민 지식인들이 식민 세력을 비판할 수 있는 무기로 활용되었다. 전통적으로 인간의 보편성과 일반성에 기반을 두어 통용되었던 '휴머니즘' 개념은 이후 다양한 역사적 조건 및 상황과 결부되어 '해석의 갈등'을 겪는다.

2. '인간'과 '인간 너머'의 새로운 만남

전통적으로 인간은 시선의 '주체'이자 시선의 '대상'이었다. 그에 비하여 포스트휴먼 논의는 적어도 인간의 시선을 넘어서는 주체적 시선의 전적 교체는 불가능하지만, 인간이 아닌 '다른 모든 것'으로의 대상의 확장을 꾀한다. 물론 인간은 인간 아닌 것을 응시해 왔다. 그리고 인간은 수많은 비인간에 관한 시선과 해석을 확보하기도 하였다. 그러나 '인간 너머'의 것을 '인간 본성을 구성하는 핵심 요소'로 본격적으로 편입시키는 관점은 매우 전향적이다. 인간과 돌의 차이를 전제로 인간을 해명하는 것보다 인간과 돌의 동일성을 전제로 인간을 해명하는 것은 생각보다 낯설다. 바로 이 지점이 포스트휴먼 논의의 중요한 출발점이다.

타자는 이제 인간만이 아니다. 그렇다면 인간은 인간이 아닌 것들을 진정한 타자로 어떻게 받아들이는가. 인간과 무관한 경계 너머의 타자가 아니라 긴밀한 관계적 타자로 어떻게 받아들일 수 있는가. 새롭게 출현하는 인간 아닌 존재자들에 대한 실존적 배격과 두려움을 넘어서 그 존재자들과 공존하는 새로운 인간학의 구성을 포스트휴먼 사유는 모색한다.[9] 그러나 인간의 관점은 궁극적으로 인간 아닌 관점으로 교체될 수 없다. 인간의 시선은 돌의 시선이 아니다. 그것은 불가능의 가능성이다. 하지만 포스트휴먼 사유는 궁극적으로 인간이 아닌 다른 존재자의 관점에서 '인간'의 본성을 탐구하는 시선으로까지 안착하는 과제를 모색한다.

이 포스트휴먼의 "포스트"는 휴머니즘의 연속성에 기반을 둔 미래 이미지보다는, 인간이 아닌 것들이 "휴먼"과 어떻게 미래에 결합하고 관계 맺을 수 있는지를 의미론적으로 다룬다. 포스트휴먼 논의가 인간과 비인간의 새로운 결합 가능성에 집중하는 이유가 여기에 있다. 즉 포스트휴먼 논의는 그동안 인간적인 것에 의해 배제당하고 고려되지 못하였던 여백의 영역을 새롭게 조명함으로써 인간과 인간이 아닌 그 모든 것과 새로운 대화와 결합을 시도하려 한다.

포스트휴먼의 논의는 문화와 기술, 과학의 여러 도전 앞에서 전통적으로 견지했던 인간과 생명의 '정체성'에 대한 성찰적 재구성이다. 정체성은 생명의 코드화이다. 정체성 개념은 전통적으로 "영혼", "자아", "관계적 능력", "주체", "의식"과 매우 광범위하게 연결된다.[10] 모든 생명은 환경과의 관계에서 자신의 정체성을 코드화하는 역량을 지닌다. 그러나 전통적인 생명과 환경에 대한 인식이 변화되는 상황에서 인간의 중심, 생명의 중심에 대한 해체와 재구성의 과제가 요구된다. 포스트휴먼 담론은 새로운 정체성의 발굴과 재해석을 주요하게 의식한다.

포스트휴먼 담론은 오히려 전통적인 인간과 생명의 정체성 논쟁의 중요한 주제인 영혼과 신체의 관계, 정신과 자연의 관계, 생명과 무생명의 관계, 인간과 동물의 관계, 마음과 뇌의 관계를 오늘의 새로운 상황에서 새롭게 바라보는 계기를 제공한다. 왜냐하면 전통적인 정체성 패러다임과 정체성 정치의 틀이 우리 시대의 새로운 포스트휴먼 현상 속에서 그의 사각지대를 노정하고 있기 때문이다. 예를 들어 전통적으로 인간의 정체성에 대한 사유에 비해 사물의 정체성에 대한 사유는 극히 소수였다.[11] 적어도 포스트휴먼 시대는 인간, 생명, 사물, 자연에 대해 새롭고 참신한 개념적 성찰을 요청한다.

그렇다면 포스트휴머니즘의 논의는 전통적인 휴머니즘과 '긍정적' 계승의 관계인가 아니면 '부정적' 해체의 관계인가. "포스트"에 담겨 있는 인간 외의 여러 조건에 대한 검토는 "휴먼"과 얼마나 긍정적으로 조응하고 대응될 수 있는가. 아니면 전통적인 "휴먼"이 운신할 수 있는 모든 미래 가능성과 연속성을 파괴하고 전혀 다른 방식으로 미래를 진단하는 담론인가. 여기에는 '긍정적인 포스트휴머니즘'과 '회의적인 포스트휴머니즘' 모두가 병존한다. 긍정적인 포스트휴머니즘은 인간의 진보를 전제로 한 기술문화적 실용주의로 이어진다. 반면에 회의적인 포스트휴머니즘은 종말론에서부터 해체적, 비판적 포스트휴먼에 이르는 관점이 전개된다.[12]

포스트휴머니즘의 출현은 새로운 시대에 진입한 인간 조건에 관한 고유한 성찰의 산물이기도 하다. 이러한 새로운 시대의 진입을 가속화하거나 표상할 수 있는 중요한 동력은 바로 '기술'의 문제이다. 포스트휴머니즘 논의는 기술 혁신의 문제와 아주 긴밀하게 연결되어 있다.[13] 분명 포스트휴머니즘은 인공지능 시대 기술과학적 변화와 도전 앞에서 인간의 미래를 고민하는 담론이지만, 기술과 과학의 범주로만 환원될 수 없는 폭넓은 개념적 외연을 지닌다.

전통적인 인간에 대한 논의의 범주를 기술의 급격한 발전과 진화에 따라 근본적으로 재구성해야 하는지를 시급하게 다루는 것은 포스트휴먼 사유의 중요한 과제이다. 인간에 대한 전통적인 이해는 기술의 발전을 통하여 끊임없이 새롭게 변경되고 교체되어 왔다. 또한 기술의 발전이 인간 본성과 인간 미래의 경로를 새롭게 생성하였으며 인간 이해에 아주 깊숙한 영향을 미치고 있다. 모던을 넘어서는 포스트모더니즘의 사유에서도 기술의 혁신은 중요한 출발점을 제공하였다. 기술의 혁신이 인간의 미래를 어떻게 변화시키는지를 포스트휴머니즘은 더욱 주목하고 있다.

Ⅲ. 포스트휴머니즘의 조건

서구 휴머니즘 이해의 중요한 변화를 촉발한 사상가는 미셸 푸코(Michel Foucault)이다. 『말과 사물』(1966)에서의 그 유명한 "인간의 종말"은 바로 휴머니즘에 대한 비판적 외침이자 그 종말에 대한 확언이었다.[14] 이는 서구 휴머니즘의 근간인 보편주의적 이성을 지닌 인간 주체란 사실상 존재하지 않는다는 중요한 선언이었다. 근대정신을 선도해온 주체로서의 서구 문명에 대한 반성이 담긴 성찰이었다. 계몽의 주체로서의 인간의 종말이 바로 포스트모더니즘적인 휴머니즘의 출발이었다. 이러한 푸코의 사상은 포스트모더니즘과 후기 구조주의 사상으로서 이후 널리 확산된다.

21세기 초반 인도주의로서의 '휴머니즘'은 여전히 실현을 향해 나아가야 할 중요한 방향이다. 하지만 식민주의 시절에서의 휴머니즘과 지금 우리 시대의 휴머니즘의 함의는 변화되었다. 그 사이 인간은 두 차례의 비극적인 세계대전을 넘어왔으며 역사, 정치, 경제, 과학기술적으로 전혀 다른 시공간을 체험한다.[15] 이제 인간의 정당한 존속을 위해서는 '인간' 사이의 관계뿐 아니라 '인간과 비인간'의 관계에 대한 재설정이 필요하다는 각성이 점점 뚜렷해지고 있다. 바로 과거의 폐허와 미래의 변화에서 휴머니즘에서 포스트휴머니즘으로의 전환이 작동한다. 그리고 휴머니즘에서 포스트휴머니즘으로의 사상적 전환은 반휴머니즘, 기술적 포스트휴머니즘, 비판적 포스트휴머니즘의 흐름으로 구성된다.

1. 반휴머니즘

'반휴머니즘'(anti-humanism)은 전통적인 '휴머니즘'과 그 조건에 대한 비판적-대립적 관점을 제시하는 일련의 사상적 흐름이다. 반휴머니즘의 역사는 휴머니즘의 역사만큼 대극적으로 긴 역사가 있다. 특히 2차 세계대전 이후로 전개되는 새로운 사회적 저항의 운동, 전통적인 구조주의를 넘어선 포스트구조주의 사상의 출현, 그리고 보편적 휴머니즘의 위기와 허위의식을 전면적으로 극복하려는 다양한 문화적 목소리로 반휴머니즘 사유는 채워진다. 분명히 반휴머니즘과 포스트휴머니즘은 동일시할 수 없는 사상적 시공간의 차이가 존재한다. 그러나 반휴머니즘은 포스트휴먼 사상을 형성하는 중요한 원천이다.[16]

반휴머니즘은 계몽주의의 발흥 이후로 형성된 세계의 중심인 보편적 인간, 척도로서의 인간과 그 휴머니즘의 신뢰를 거부한다. 특히 서구 근대 휴머니즘이 노정했던 여러 철학적-역사적 그림자를 반휴머니즘은 주목한다. 여기에서의 서구 근대 휴머니즘은 유럽중심주의적, 제국주의적, 남성중심적, 보편적, 합리적, 이성적 경향에 대한 옹호를 뜻한다. 반휴머니즘은 근대 휴머니즘의 위기와 종말을 말한다. 반휴머니즘의 사유에서 이러한 휴머니즘적 보편주의는 가상의 현실이며, 진정한 현실의 풍경을 파괴한다. 반휴머니즘은 전통적인 휴머니즘이라는 개념에 안착한 권력, 특권, 가상, 폭력, 공모, 정치, 억압, 추상의 이데올로기를 폭로하면서 비판한다. 그 휴머니즘 안에는 진정한 휴먼이 없다는 것이다.

> 이제 이 '인간'은 자연법의 위치에 도달했던 보편주의적 이상을 발화하는 완벽한 비율의 표준이기는커녕, 우발적인 가치와 지역성을 지닌 역사적 구성물임이 드러났다. 자유주의 사상가들은 개인주의가 '인간 본성'의 고유한 부분이라고 믿고 있지만, 개인주의는 역사적으로 그리고 문화적으로 특정하게 형성된 담론이며, 더 나아가 점점 문제가 되어가고 있다.[17]

사실 포스트휴머니즘이라는 개념의 애매모호함에 대하여 놓치면 안 된다. 왜냐하면 '휴머니즘'의 역사와 개념 자체가 광의적이며 다의적이기 때문이다. 그렇다면 휴머니즘에 대한 비판의 관점에서 '반휴머니즘'을 지닌 입장은 누구의 입장이며 무엇을 지향하는가. 그리고 포스트휴머니즘의 유용한 형성을 위한 반휴머니즘의 통찰은 무엇인가. 헤어브레히터[18]는 포스트휴머니즘의 핵심에 휴머니즘을 비판하는 '반휴머니즘'이 내재하는 면을 주목한다.[19]

반휴머니즘은 서구 휴머니즘의 붕괴와 종말을 목도하며 전통적인 인간상을 넘어선 새로운 인간의 얼굴을 그려 나가고자 한다. 20세기 반휴머니즘의 관점에서 '휴머니즘'은 서구의 보수적이고 철이 지난 이데올로기로 평가된다. 예를 들어 후기구조주의의 사유 속에서 반휴머니즘의 흐름을 구성하는 자크 데리다(Jacques Derrida)는 '나'와 '우리'를 지칭하지 않는 포스트휴머니즘의 사유를 모색한다. 즉 개별적인 인간의 목적성이나 인간 개념의 목적론 속에서 인간을 '인간중심적'으로 만드는 것이 아니라, 미래의 '비인간적인 것'에 대한 인간의 급진적 개방성을 새롭게 이해하고 규정하려는 시도이다. 데리다는 '인간이란 무엇인가?'라는 질문을 '인간이란 누구인가?'라는 질문으로 바꾸고자 하였다.[20]

2. 기술적 포스트휴머니즘

기술적 포스트휴머니즘 논의에 관하여 '포스트모던'과 '포스트휴먼'의 차이를 구분할 필요가 있다. 포스트모더니즘은 계몽의 사유를 넘어선 새로운 사상의 자유와 이론의 재발견, 상대화, 임의성과 우연성을 인지하는 시각의 공간화와 연계성에 집중한다. 더 나아가서 극단적 의미 개방성과 다양성에서 포스트모더니즘의 정신은 분명히 드러난다.[21] 그러나 포스트휴머니즘은 "오락적이거나 불분명하기도 하지만 동시에 진지하게 논의되는 측면도 가지고 있다. 다시 말해 포스트휴머니즘은 포스트모던에 근거하지만 포스트모던의 급진적 측면과는 거리를 둔다."[22] 즉 포스트모던 사유는 휴머니즘에 대한 강력한 해체와 저항, 다중심성의 강조를 꾀한다면, 포스트휴먼 사유는 그럼에도 불구하고 휴머니즘의 '포스트'적인 재구성을 통하여 해체 앞에 서 있는 인간의 새로운 존속 가능성을 진중하게 모색한다.

포스트모더니즘에 대한 포스트휴머니즘의 거리두기는 미래 인류의 기술, 문명, 그리고 진보에 대한 고유한 해석과도 연결된다. 포스트휴머니스트들은 포스트모더니즘이 기술 시대를 설명하기에는 그 사유가 너무 빈약하다는 평가를 가한다. 왜냐하면 미래의 기술, 문명, 진보에 대한 회의보다는 이에 대한 적극적 옹호와 승인을 동하여 미래에 대한 적극적인 변화를 탐색하기 때문이다. 특히 이러한 경향은 포스트휴머니즘을 기술 발전과 연계하여 전개하는 '기술적 포스트휴머니스트'에게서 발견된다. 과학기술의 진화는 인간과 기계의 새로운 결합을 향한 상상력에 새로운 힘을 부여한다. 기술적 포스트휴머니즘의 전사(前史)는 영화와 소설과 공상과학, 그리고 첨단기술이 구현되는 연구실이었다. 기술적 포스트휴머니즘에서는 인간과 기술, 인간과 기계의 변증법적 결합을 더욱 적극적으로 주목하고 승인한다. 기술적 포스트휴머니즘은 반휴머니즘과 포스트모더니즘이 경시하는 기술의 정신을 미래 포스트휴머니즘 구성의 중요한 실마리로 삼는다.

분명 기술은 자동으로 인간에게 주어지는 것이 아니다. 모든 기술의 목적이 인간에게만 귀속된다는 관점은 일방적인 인간중심적 해석일 수 있다. 기술은 그 기술을 다루는 인간의 지위와, 그 기술을 통하여 성취하려는 인간의 목적과 무관하지 않다. 인간은 호모 테크니쿠스(*homo technicus*)였다. 하지만 기술의 진보가 인간을 위협하는 심리적, 실존적, 사회적 상황이 출현할 수 있다. 바로 이러한 기술에 대한 양면적 긴장, 즉 긍정과 부정은 포스트휴머니즘에서도 존재한다. 바로 이 지점이 기술을 긍정적으로 접근하는 '트랜스휴머니스트'(Trans-humanist)와 기술 비판적인 '포스트휴머니스트(Post-humanist)'가 분기하는 지점이기도 하다. 이 두 흐름은 전통적인 휴머니즘에 대한 저항과 새로운 인간 존재에 대한 해석의 관점에서는 상호 유사하기도 하다. 하지만 트랜스휴머니즘은 H+(Humanity Plus)로 상징될 수 있는 인간 역량(Human Enhancement)의 가능성을 적극적으로 모색한다는 점[23]에서 포스트휴머니즘과 차이를 지닌다.[24]

3. 비판적 포스트휴머니즘

비판적 포스트휴머니즘은 세계화, 과학기술, 후기 자본주의와 기후의 위기를 겪고 있는 인간/인류의 새로운 조건을 검토하는 현대적 사회 담론이다.[25] 비판적 포스트휴머니즘은 인류세의 조건이 야기하는 인간의 다양한 위기 상황을 매우 심각하게 받아들인다.[26] 동시에 비판적 포스트휴머니즘은 전통적인 휴머니즘에 대한 안티테제를 강조한 '반휴머니즘'과 과학기술주의와 긍정적 포스트휴먼 사유로 무장된 '기술적 포스트휴머니즘' 사이의 긴장을 창조적으로 넘어서려는 입장을 지칭하기도 한다.

비판적 포스트휴머니즘은 휴머니즘의 계승이 아니라 휴머니즘의 해체 위에 존재한다. 휴머니즘의 위기는 자명한 현실이다. 비판적 포스트휴머니즘은 휴머니즘의 '대서사'가 현재 난관에 봉착했지만 언제든지 거회가 되면 새롭게 출몰할 것이며, 지속적인 해체의 작업이 이루어질 때 포스트휴머니즘 담론과 트랜스휴머니즘 담론에 '휴머니즘'이 다시 귀환하는 것을 막아낼 수 있다고 생각한다.[27]

포스트휴머니즘을 둘러싼 비평에는 비판과 옹호의 양 관점이 병존한다. 한 관점은 프랜시스 후쿠야마(Francis Fukuyama)[28], 마이클 샌델(Michael Sandel)[29], 위르겐 하버마스(Jürgen Habermas) 그룹이다. 이들은 도덕주의적, 보편주의적 관점에서 포스트휴머니즘이 지닌 과학기술의 낙관적 기대에 윤리적 문제를 환기하는 입장이다. 예를 들어 프랜시스 후쿠야마는 이미 긍정적 포스트휴머니즘을 대변하는 트랜스휴머니즘이 세계에서 가장 위험한 사상이라고까지 비판하였다.[30] 이 입장은 인간 본성을 변할 수 없는 핵심 가치로 인식하기에 인간 본성의 변화 가능성과 그 도전에 대하여 비판적인 견해를 피력한다.

다른 한 관점은 한스 모라벡(Hans Moravec)이나 맥스 무어(Max Moore)와 같은 급진적인 트랜스휴머니스트 그룹이다. 이들은 과학기술을 인간과 접합시켜 인류의 진보와 새로운 트랜스휴먼 문명의 등장을 꿈꾸는 입장이다.[31] 이 지점이 서로 상이한 포스트휴머니즘과 트랜스휴머니즘 사유가 어떻게 만날 수 있는지를 보여주는 매우 흥미로운 지점이다. 기술이상주의와 기술결정주의는 트랜스휴머니스트들의 중요한 관점으로 보인다.[32]

비판적 포스트휴머니즘은 이러한 양극단의 두 관점 사이에서 그것을 넘어서려는 입장에 서 있다. 비판적 포스트휴머니즘은 휴머니즘이 거대서사로서 지속하긴 하지만 끈질긴 해체 전략을 통해 휴머니즘이 변화하거나 무효가 될 수 있다고 진단한다. 이를 통해 휴머니즘이 포스트휴머니즘과 트랜스 휴머니즘 내의 새로운 담론에 다시 각인되는 것을 방지할 수 있다. 즉 '포스트휴머니즘'은 휴머니즘의 진행되는 해체, 즉 급속도로 발전하는 기술화 시대에서 휴머니즘을 급진적으로 해체하는 것이다. 그에 비해 '비판적 포스트휴머니즘'은 휴머니즘 그 자체 내의 우선적인 위기로서 비인간화와 그 위기에 초점을 맞춘다. 비판적 포스트휴머니즘은 긍정적 포스트휴머니즘의 강조점인 미래의 인간과 기술의 증진에 대한 낙관적이며 이상적인 태도에 대하여 비판적 입장을 담고 있다.

비판적 포스트휴머니즘은 기술적 변화에 대해 맹목적 신뢰를 가하지 않는다.[33] 그렇다고 하여 그 기술적 변화가 의미 없다고 판단하지도 않는다. 이 점에서 비판적 포스트휴머니즘은 기존의 기술적 포스트휴머니즘과의 불연속적인 관계를 갖는다. 로지 브라이도티(Rosi Braidotti)는 이러한 비판적 포스트휴머니즘의 관점을 충실히 담보하고 있다. 그는 반휴머니즘적인 관점이 보여주고 있는 보편성의 해체, 개별성의 확장, 그리고 전통적인 인간의 지위에 대한 냉소적이며 급진적인 저항에 대하여 비판적 입장을 취한다. 거기에는 새로운 방식의 개별적 가치를 묶는 연대적 재구성이 결핍되어 있다는 것이다. 또한 그는 기술주의에 입각한 긍정적 포스트휴머니즘(분석적 포스트휴머니즘)이 그리는 새로운 휴머니즘적 주체 구성의 모호함과 열악함에 대하여 비판한다.

> 과학과 기술 연구의 분석적 포스트-휴머니즘은 현대 포스트휴먼 풍경의 가장 중요한 요소의 하나다. 하지만 내 포지션의 핵심인 비판적 주체이론의 관점에서 보면, 이 견해는 휴머니즘적 가치들을 선택적으로 도입하면서 그러한 접붙임이 낳는 모순들을 언급하지 않기 때문에 목적을 이루기에 적절치 않다. 기술적 성취와 그에 따라오는 부에 대한 자부심 때문에 우리의 선진기술이 발생시키는 사회적이고 도덕적인 불평등과 커다란 모순들을 간과해서는 안 된다. 과학적 중립성의 이름으로든 혹은 지구화가 가져온 범-인간적 유대에 대한 급하게 재구성된 인식에서든, 모순과 불평등을 언급하지 않는 것은 논점을 교묘히

회피하는 것에 불과하다.[34]

비판적 포스트휴머니즘은 위에서 언급하였던 기술주의적 혹은 낭만적 포스트휴머니즘과 결별한다. 비판적 포스트휴머니즘은 휴머니즘의 유산과 문명의 그림자에 숨어 있는 보편의 이데올로기와 보편성의 정치를 비판한다. 거기에 있는 주체는 인간의 본성에서 빛나는 주체이기보다는 서구의, 권력의, 남성의, 부르주아의 주체일 뿐이다. 특히 오늘날 펼쳐지는 글로벌 정치 사회 문화의 다원화와 혼종적 조건에서 그 휴머니즘적 보편은 현실의 모순을 덮고 은폐하는 가상의 보편일 뿐이다.

그렇다고 하여 비판적 포스트휴머니즘은 우리 시대의 새로운 휴머니즘 구축을 위하여 수백 년간 형성되어 왔던 전통적인 휴머니즘의 가치와 전제를 모두 말살시키는 태도도 거부한다. 전통은 배제의 대상이 아니라 활용의 대상이 되어야 한다. 그럴 때 전통을 넘어서는 새로운 잠재적 공간이 열린다. 분명히 휴머니즘은 포스트휴머니즘의 훌륭한 모태이며, 새로운 상상력의 전거이다. 그 과정은 끊임없는 해체와 체화가 될 것이다. 그러므로 비판적 포스트휴머니즘은 전통적인 휴머니즘의 개념들을 새로운 오늘의 복잡한 공간에서 더욱 민감하게 가공하는 시도를 멈추지 않는 실험이다. 비판적 포스트휴머니즘은 새로운 민감성의 윤리와 정치를 요청한다. 더 나아가 이러한 과잉 다원주의와 기술주의를 넘어서는 현실적이고 민주적인 제도의 모색까지 도모한다.

비판적 포스트휴머니즘은 전통적인 휴머니즘의 가치를 기술주의로 암암리에 대체하는 시도에 대한 비판적 견해를 제시하고 있다. 포스트휴먼의 긍정적인 사유가 트랜스휴머니즘으로 심화할 때 그 전제에 담겨 있는 수많은 기술 유토피아적인 이데올로기는 분석되어야 한다. 오늘날의 트랜스휴머니즘은 종교적 사유와 깊이 연동된다. 그 이유는 트랜스휴머니즘이 새로운 종교를 적극적으로 의도하여서가 아니라 트랜스휴머니즘 사유가 궁극적으로 지향하는 사유의 정점에 '인간의 초월'이 연계되어 있기 때문이다. 즉 비판적 포스트휴머니즘은 기술의 증진과 인간의 초월에 대한 낙관주의를 비판적으로 바라본다. 이는 비판적 포스트휴머니즘이 트랜스휴머니즘에 가하는 기술비판이며 종교비판이기도 하다.[35]

Ⅳ. 포스트휴머니즘의 이론과 실천

1. 포스트휴먼 이론

인간중심주의에 대한 비판과 극복은 포스트휴먼 정신의 핵심이다. 포스트휴먼의 조건에서 새롭게 응시하는 대상은 인간이 아닌 존재자들이다. 전통적으로 현실을 구성하는 주체로서의 인간이 이제 인간이 아닌 것들을 현실 구성의 주체로 등재시킨다. 인간과 비인간, 인간과 사물의 관계 속에서 휴먼의 기능을 조명하는 이론은 전통적인 휴먼 이해를 뒤흔들지만, 동시에 유용한 해석을 제공한다. 이는 인간과 실재의 본성에 대한 심화된 해석이며 인간의 지위를 주변과 연관하여 더 크게 조명하는 작업이다. 더 나아가 인간의 미래 과제를 다양한 조건들과 결합하여 더욱 전향적으로 탐색하려는 진정한 실재론적 시도이다.

사실 인간은 언제나 사물과 연관하여 인간의 본성을 탐구해 왔다. 그렇다면 포스트휴먼 탐구는 어떠한 변별점을 지니는 것일까. 이는 사물과 연관한 해석의 그물을 더욱 심화하고 확장한다는 것을 의미한다. 포스트휴먼 조건은 더 나아가 '사물에서부터' 인간의 본성을 탐구하려 한다. 인간은 사물이 아니기에 이는 한계를 지닌 불가능한 가능성의 영역이다. 그러나 '사물의 영점'에 대한 인식과 수용은 사물과 인간의 관계망과 함께하는 인간 해명의 중요한 자극과 영감을 제공한다.[36] 인간의 확장으로서의 포스트휴먼적 사유는 결국 인간의 지위에 대한 '종말론적 사유'로 연결된다. '종말'은 세상의 끝에 대한 고답적인 논의가 아니라 인간의 시선을 넘어선 궁극적인 관점에서 인간의 고유한 지위와 한계를 조명하고, 긍정적으로 확장한다. 바로 여기에서 사물의 끝에 관한 포스트휴먼적 사유와 신을 향한 신학적 사유의 대칭성이 드러난다.[37]

인간중심주의를 지탱해 왔던 핵심 정신은 인간이 진화의 최종점이라는 의미일 것이다. 반면 인간중심주의를 넘어서는 것은, 하나밖에 없는 이 세계 안에서 생명을 공유하는 많은 타자와의 관계망 속에서 인간 자신이 '겸손'해진다는 것을 뜻한다.[38] 인간중심주의가 인간을 중심으로 생명의 회로를 탐색한 주체의 윤리학이라면, 탈인간중심주의는 인간을 수많은 타자와의 상호작용의 산물로 해석하는 겸손의 윤리학일 것이다. 탈인간중심주의에서는 인간 주체성의 확장 논리보다 세계의 지속가능성이 더욱 중요하게 모색된다.

탈인간중심주의는 인간 주체가 자신의 무대인 세계에 자신을 넘기고 자신의 독점적 정체성을 포기한다는 것을 넘어선다. 오히려 인간과 환경의 관계방식을 둘러싼 새로운 실재론의 구상을 중요한 과제로 설정한다. 즉 근대적 사유인 사회 안의 주체와 자연 안의 객체 사이의 일반적 형식논리를 새롭게 전환하려는 시도가 그 안에 담겨 있다. 오히려 탈인간중심주의는 인간이 세계를 향해 투사하는 개념적 구조의 정당성에 대한 붕괴 가능성을 심각하게 주목한다. 전통적인 인간과 자연(환경)이라는 이원적 대항적 개념을 어떻게 새로운 포스트휴먼 조건과 연결하여 재구성할 것인가를 모색한다. 특히 인간중심주의는 주체-객체 이분법을 통하여 언어적, 논리적, 정치적 차원에서 인간의 주체성을 강화하였을는지 몰라도 실재에 대한 기술은 언제나 실패를 동반하였다. 탈인간중심주의는 새로운 실재론을 향한 언어적-논리적 전향이다.

포스트휴먼 사유의 중요한 전환점을 제공한 브뤼노 라투르(Bruno Latour)는 전통적인 방식의 인간과 세계, 주체와 객체, 자아와 타자, 인간과 자연의 관계를 비판하고 새로운 방식의 인간-환경 관계론을 구축한다.[39] 전통적인 시간과 공간과 인과론에 새로운 독법을 모색한다. 그는 전통적인 주체-객체의 틀 안에서 골칫거리의 대상으로만 다가오는 '양면성, 모호성, 불확실성, 유연성'을 적극적으로 주목한다. 오히려 양면성, 모호성, 불확실성, 유연성은 실험실이 존재의 가능성과 역사적 기회를 제공한 창조물에게도 동반된다. 그러므로 전통적인 주체와 객체 사유에 의거한 인과관계로 자연에 대한 설명을 시도하는 것은 매우 위험스러운 것이다. 그의 표현에 의하면 "인과관계는 사건에 따라오는 것이지, 선행하는 것이 아니다."[40]

이렇게 포스트휴머니즘의 인간중심에서 지구중심으로의 선회는 인간이라는 주체성이 역사에 남긴 여러 황폐한 흔적에 대한 철저한 반성의 산물이다. 이 반성은 인식론과 존재론을 모두 포괄하는 새로운 방식의 인간상을 모색한다. 공존의 인간상 모색을 통하여 인위적이거나 작위적으로 지탱되어 왔던 근대의 논리적, 사회적, 과학적 그림자와 불평등의 구조를 해체하는 작업을 수행한다. 특히 모든 생명이 살아 숨 쉬는 이 지구라는 최종 무대의 지속가능성의 관점에서 볼 때 오늘의 글로벌 현실은 결코 낭만적일 수 없다. 휴머니즘에서 포스트휴머니즘으로의 전환은 그것이 완만하건 급진적이건 전통적인 휴머니즘의 그늘과 급변하는 현실에 대한 성찰의 이론적 결합을 근거로 진행되고 있다.

2. 포스트휴먼 실천

인류세의 재앙을 목도하는 생명과 환경이 상호 상생하는 생태학적 방향전환은 포스트휴먼 사유의 핵심이다. 이는 포스트휴먼 논의가 인간중심주의를 넘어서는 관점과도 긴밀하게 연관된다. 포스트휴먼 논의에서 생명의 경계는 인간과 비인간, 생물과 무생물의 차원으로 환원되지 않는다. 오히려 생명을 지탱하는 생명력(*zoe*)은 모든 존재의 본성과 연결되어 있다.[41] 물론 여기에는 두 가지 상이한 관점의 차이가 드러날 수 있다. 하나는 생명의 본성에 대한 생명공학적-기술과학적 탐구를 통하여 '인간의' 신체성에 대한 새로운 정체성을 각인하는 작업이다. 이러한 신체성에 대한 새로운 부여와 확산을 통하여 기술과학의 도움을 매개로 인간과 환경의 긴밀한 직조를 모색하는 관점이다.

다른 하나는 생명의 본성에 대한 확장의 방식을 '인간 너머의' 생태계에 대한 고려와 적극적 인증으로 연결하는 관점이다. 이러한 두 관점은 상호 긴장하거나 조응한다. 예를 들어 20세기 중반 생태계의 지위를 인간과 사물의 본성으로 확장한 여러 논의를 주목할 필요가 있다. 사이버네틱스의 토대를 마련하였던 그레고리 베이트슨(Gregory Bateson)은 인간과 생명과 기계를 관통하는 생명의 생태학적 작업을 이미 20세기 중반 적절하게 제시하였다. 베이트슨의 이러한 선구적인 작업은 이후 생명에 대한 생태학적 이론과 포스트휴먼 논의의 중요한 토대를 제공하였다.[42] 이러한 방식으로 인간과 환경, 생명과 환경의 관계를 성찰하는 생태학적 관점에는 '인간'의 관점과 '인간 너머'의 관섬 사이의 긴밀한 긴장과 논쟁의 맥락이 존재한다.

비판적 포스트휴머니즘을 견지하는 로지 브라이도티는 인간 정체성의 동반자로서 동물, 생물, 환경에 관심을 가지고 접근하는 관점을 우선 긍정적으로 바라본다. 우선 동물, 생물, 환경을 인간의 중요한 관계망으로 인식한다는 점에서 그 긍정성은 존재한다. 그것은 다시 말하여 인간의 단독자적인 위치에서 벗어나서 인간을 포괄하는 더욱 큰 동물, 생물, 환경의 거시적 장을 배경으로 존재하는 인간의 고유한 지위를 성찰한다는 점에서 의미가 있다. 20세기 후반 '동물권'(animal rights)을 둘러싼 논의의 확산[43]은 이러한 새로운 인식의 전환점을 증명한다. 인간과는 전적으로 무관한, 그리고 인간의 생존을 영위하는 수단으로만 인식되었던 동물의 지위에 대한 새로운 성찰은 매우 의미 있는 변화이다.

그러나 브라이도티는 진정한 의미의 인간과 동물의 관계 맺기에 대한 비판적 관점을 논쟁적으로 제시한다. 영장류학자 프란스 드 발(Frans de Waal)은 인간뿐만 아니라 수많은 동물에게도 공감(empathy)의 능력이 있으며, 이는 뿌리가 깊은 진화의 산물이라고 주장한다.[44] 동물들은 상호 감정의 소통을 진행한다. 동물 진화의 발전 동력은 공격성이 아니라 공감과 소통의 능력이라는 것이다. 브라이도티는 이러한 입장을 탈-인간중심적 네오휴머니즘으로 정의한다. 인간과 동물 모두에게 적용되는 주체성 이론을 형성한다는 점에서 탈-인간중심주의이며, 전통적인 휴머니즘의 경계를 넘어선다는 점에서 네오휴머니즘이다.

비판적 포스트휴머니즘의 관점에서 이는 양가적이다. 특히 이러한 탈-인간중심적 네오휴머니즘은 고전적 휴머니즘의 도덕적 주장과 결합한다는 점에서 여전히 한계를 지닌다. 예를 들면 윤리, 도덕, 공격성과 같은 인간의 특성을 동물에 대한 해석에 투사한다. 인간의 특수성이 동물의 특수성을 덮어 버린다. 남는 것은 인간의 우월한 '휴먼적' 보편성 강화로 인한 동물 주체성의 상실이다.[45] 분명 인간과 동물의 새로운 관계방식의 가능성을 시도하는 실험이지만, 결과적으로는 인간중심적 휴머니즘이 여전히 잔존하거나 세련된 방식으로 강화되어 진정한 인간-동물의 관계 맺기에 실패할 수 있다는 점을 브라이도티는 지적한다.

> 내 생각에 포스트휴먼 관계에서 요점은 인간/동물의 상호-관계가 인간과 동물 각각의 정체성을 구성한다는 것이다. 그 상호관계는 각각의 '본성'을 혼종화하고 변화시키고 그들이 상호작용하는 중간지대를 전면에 드러내는 변형과 공생의 관계다. 이것이 인간/비인간 연속체의 '환경'(milieu)이다. 그 상호관계는 소위 보편적 가치나 자질에 대해 미리 도덕적 결론을 내리기보다는 열린 실험으로 탐구해야 한다. 그 특정한 상호조직의 중간지대는 새로운 매개변수들이 안트로포스의 동물-되기를 위해 출현할 수 있도록 규범적으로 중립으로 남아 있어야 한다. 안트로포스는 너무나 오랫동안 종의 우월성 주형에 담겨 있던 주체다. 되기의 강도 있는 공간들이 열려야 하며, 더 중요하게는 열린 상태가 유지되어야 한다.[46]

포스트휴먼 사유는 전통적인 안트로포스 사유에서 포착되지 않은 열린 관계적 공간을 주목한다. 이 관계적 공간은 사물성으로 추락하거나 휴먼의 주체성으로 강화되는 것이 아니라 모든 존재들의 고유한 정체성의 근원이며 새로움을 창출하는 새창조(*creatio nova*)의 무대이다. 특히 인간(human)이 아닌 동물, 환경, 기계, 인공지능 등 비인간(nonhuman)과 새로운 관계설정을 시도하는 포스트휴머니즘의 관점에서는 전통적인 위계적, 폭력적, 일방적 관점을 넘어선 새로운 관계의 네트워크를 확보하는 것이 중요한 출발점이다. 개인주의적, 인간주의적 주체 개념에 조탁되지 않은 민주적이고 중립적이며 다면적인 인간-비인간 연속체를 어떻게 구축할 것인가. 바로 이 질문에 대한 해법 모색은 포스트휴먼 이론과 실천의 중요한 과제이다.

V. 나가며

본 연구는 휴머니즘에서 포스트휴머니즘으로의 사상적 연속성/불연속성의 조건과 그 경로를 검토하였다. 포스트휴머니즘 사유는 전통적인 휴머니즘에 대한 비판과 해체 속에서 전면적으로 전개된다. 20세기 후반에 등장하는 포스트휴머니즘 사유는, 휴머니즘의 파국에 대한 예비적 전조현상으로 해석될 수 있거나, 새로운 휴머니즘의 모색을 향한 사유의 모험으로 해석될 수 있다. 포스트휴머니즘의 생성과 진행의 과정을 단선적으로 해석하기보다는 이 사유의 맥락과 그 역사적 접합점에 대한 입체적 분석을 통하여 그 시대적 의미를 신중하게 검토할 필요성이 있다. 포스트휴머니즘의 사유는 여전히 현재형이며, 지속과 생성을 거듭하고 있다.

포스트휴머니즘 사유의 정신에 대하여 언급한 위의 몇 가지 쟁점은 어렵지 않게 수긍하고 동의할 수 있다. 전통적인 휴머니즘에 대한 비판과 대안의 모색은 새로운 인간 조건을 경험하는 오늘날의 위기상황에서는 매우 자연스러운 시대적 응답이기 때문이다. 변화하는 삶과 역사는 새로운 담론의 방향성을 잉태하며, 새로운 사상적 과제를 요청한다. 포스트휴먼을 둘러싼 다양한 해석의 갈등은 여전히 오늘날에도 첨예하게 존재한다. 그것은 과거 사유와 미래 사유 사이의 긴장이며, 비동시적 사상들이 현재 경합하는 담론의 긴장이기 때문이다. 특히 '비판적 포스트휴머니즘'은 휴머니즘과 포스트휴머니즘의 전환에서 유실되거나 배제되는 여러 대인적인 통찰을 종합적으로 구성하려는 입장을 견지하고 있다.

포스트휴머니즘 사유는 인식론적 결핍, 인류세의 그늘, 정치적 위기, 환경의 역습, 비인간의 등장을 맞이하는 인간의 불안한 지위에 대한 적극적 사유이다. 그러나 이 사유는 인간의 불안한 지위를 다시 근대로 회귀시키거나 인간 파멸의 선포로 퇴각시키지 않는다. 오히려 인간 사유의 사각지대에 있었던 동물, 사물, 기술, 환경이라는 수많은 타자와의 새로운 공존을 위한 공동체적인 실험을 포괄한다. 휴머니즘의 빛과 그림자를 넘어 '비판적 포스트휴머니즘'의 사상적 실험이 어떻게 창조적으로 지속할 수 있는지 주목해야 할 이유가 여기에 있다.

5

서구 휴머니즘과 그리스도교에 대한 성찰

김태연
(숭실대학교 교수, 종교학·간문화신학)

1. 문제제기

이 글에서는 '휴머니즘'의 다양한 논의 중 하나를 살핀다. 포스트라는 수식어가 붙기 이전의 휴머니즘으로 거슬러 올라가는 이유는 다음과 같은 의문에서 비롯되었다. 포스트휴머니즘은 인간을 축으로 한 휴머니즘을 넘어서야 한다고 본다. 그렇다면 휴머니즘을 넘어서는 것이란 무엇일까? 인간이 인간의 자리에서 인간을 넘어선다는 의미를 어떻게 바라보아야 할 것인가? 인간이 동물과 비인간, 지구적 관점에서 사유한다는 것은 무엇이며 어떻게 이루어져야 하는가? 휴머니즘에 대한 더욱 치밀한 성찰 속에서 포스트휴머니즘적 사유가 진행되어야 할 필요는 없는가? 이러한 고민 속에서 본고에서는 과거의 논의이자 현재적이기도 한 휴머니즘 논의로 다시 방향을 틀어보았다.

먼저 두 가지 예를 살펴보도록 하자. 첫 번째는 세속적 휴머니스트에 대한 것이다. 영국의 종교학자, 인류학자 엔젤케는 리처드 도킨스가 회원으로 가입해 있는 영국 휴머니스트 협회(British Humanist Association)의 세속적 휴머니스트들에 대한 흥미로운 연구를 진행했다. 도킨스와 같은 세속적 휴머니스트는 종교를 완전히 배제시킬 때 진정한 휴머니즘이 가능하다고 본다. 그들은 그리스도교를 세속 문화에 대립시키며 그리스도교의 보편성 주장에 비판을 가한다. 정치적 법적 사안과 관련하여 관습적으로 사용되는 용어에서 드러나는 종교적 용어를 비종교적 용어로 바꾸려 한다. 종교적 흔적을 사회와 사회 운용 방식 속에서 완전히 제거하려는 노력이다. 그러나 그들의 생각과 행동이 진정 휴머니스트적인지 스스로 성찰할 때 그 기준점이 되는 것은 역설적으로 '종교'이다. 여기에서 종교란 그들에게 있어서 문화적 배경이 되는 그리스도교이다.[1]

두 번째 예는 근본주의적 그리스도교 측면에서 휴머니즘을 인본주의로 규정하며 비판하는 입장이다. 잘 알려진 사례이므로 자세한 설명은 덧붙이지 않는다. 휴머니즘의 차별성이 그리스도교와의 비교, 대립을 통해 이루어지는 것처럼, 이 경우에도 휴머니즘에 반대하는 그리스도교적 정체성은 휴머니즘을 인간중심주의로 비판하며 뚜렷이 부각된다. 그리스도교를 구성하는 성직자와 교인이 인간임에도 불구하고 그리스도교가 신본주의적임을 강조하며 휴머니즘을 인본주의적이라고 규정한다. 이는 이성적 합리성이 신앙과 미신을 배경으로 더 힘을 얻거나, 이성적 합리성으로 모든 것이 해명되지 않음을 비판하며 인간의 한계와 신앙의 중요성을 강조하는 것과 동일하다.

그렇다면 다시 처음의 문제제기로 돌아가 생각해본다. 포스트휴머니즘은 휴머니즘적 사유를 청산함으로써 온전히 성취될 수 있는 것일까? 포스트휴머니즘을 지향하는 사유가 활발히 이루어지고 있으며 확산되어가고 있지만 여러 가지 측면에서 휴머니즘적 논의는 여전히 지속되고 있다. 휴머니즘에는 인간 실존과 인권 문제를 강조하는 인도주의로서의 휴머니즘이 있으며 교육적 측면에서의 휴머니즘이 있다.[2] 포스트휴머니즘이 인간중심주의를 극복하여 발전해 나가기 위해서는 이렇게 다양한 측면의 휴머니즘의 차원에 어떻게 접근해야 하는가. 휴머니즘이 그리스도교적 문화로부터 결별해야만 온전한 휴머니즘이 되는 것이 아니며, 휴머니즘을 배제시킨 신학을 추구해야만 온전히 그리스도교가 되는 것이 아니듯, 우리는 휴머니즘을 넘어서려는 포스트휴머니즘을 휴머니즘의 폐기라기보다는 휴머니즘이 여전히 작동하는 현실과 일상의 현장을 숙고하며 발전시켜 나갈 필요가 있다. 특히 우리가 처해 있는 비서구적 맥락에서 포스트휴머니즘을 논한다면, 19세기 이래 인간 이해를 주도해온 서구 휴머니즘과 그것의 수용과정 및 변형에 대해 좀 더 면밀히 성찰해야 할 것이며, 이는 앞으로의 과제가 되어야 할 것이다.

2. 휴머니즘 문제

이 글에서는 양차대전 이후에 서구에서 진행된 휴머니즘에 대한 성찰에 속하는 글 한 편을 고찰하고자 한다. 집중적으로 조명하고자 하는 글은 하이데거와 학문적으로나 개인적으로 친분이 깊었던 신학자 불트만(Rudolf Bultmann, 1884-1976)의 「휴머니즘과 그리스도교」(1948)이다.[3] 글의 배경은 제2차 세계대전 직후 휴머니즘에 대한 반성이 진행되던 시기이다. 인간에 대한, 그리고 인간이 이룩해낸 기술문명에 대한 비판, 새로운 정치-경제 공동체에 대한 사유와 실천의 고민은 제1차 세계대전 이후에도 진행되었었다. 그러나 고도로 발달한 과학기술에 기반을 둔 첨단 핵무기의 사용이 현실화되었으며 기계적 학살이 자행되었던 제2차 세계대전의 충격은 어마어마했다. 전후 서구에서 휴머니즘 문제는 핵심적인 화두일 수밖에 없었다.[4]

이 시기에 인간, 휴머니즘에 대한 다양한 논의가 진행되었는데 1940년대에 부상한 사르트르(Jean-Paul Sartre, 1905-1980)의 실존주의는 휴머니즘으로 일컬어지기도 했다. 나치 협력 지식인이라는 전력으로 인해 은거할 수밖에 없었던 하이데거(Martin Heidegger, 1889-1976)는 1947년, 당대인들에게 뜨거운 관심을 불러일으킨 사르트르의 휴머니즘과 서구 철학사의 전통적 휴머니즘에 대한 비판적 글을 발표하며 지성계로 복귀하기도 했다.[5] 하이데거는 「휴머니즘 서간」(1946)에서 인간 실존보다는 휴머니즘 자체를 문제로 삼으며 존재에 관한 사유로 나아갔다. 그는 인간 주체가 자기 밖으로 나와 있는 탈자적인 것(das Ek-statisch), 곧 탈존(Ek-sistenz)의 방식으로 존재한다고 주장했다. 초기 『존재와 시간』에서 현존재로서의 인간 실존(Exzistenz)에서 한 걸음 더 나아간 후기 하이데거적 사유이다. 애초부터 실존한다는 것 자체가 탈존임을 밝힌 것이다. 사르트르처럼 실존이 본질에 선행한다거나 세계를 구성하는 인간 주체의 능력을 강조하는 데에 의문을 제기한 하이데거적 존재 사유는 서구적 휴머니즘을 넘어서려는 시도였다. 그의 사유가 포스트휴머니즘 담론에서 주요하게 다루어지는 이유이기도 하다.

불트만은 1920년대 이래 마르부르크 대학에서 하이데거와 학문적 협업을 했으며 하이데거의 문제적 이력에도 불구하고 친교는 지속되었다. 그렇다면 비슷한 시기에 탄생한 불트만의 글이 하이데거의 「휴머니즘 서간」에서의 사유와 연관성이 있는가? 형이상학적 휴머니즘을 넘어서려는 게 하이데거의 작업이었다면 불트만의 글은 현실에서의 직접적인 필요성에 의해 현장에서 이루어진 사유였다. 그러므로 하이데거의 글과의 직접적 연관 관계는 없다. 불트만의 글에는 초기 하이데거의 철학적 용어가 등장하지만 일반적인 의미의 휴머니즘이 다루어지고 있다. 불트만의 글은 철학적 사유의 담론장을 위해서가 아니라 현장의 경험을 통해 당장의 긴급한 사안을 해결하기 위한 성격을 띤다. 그는 전후(戰後) 독일의 교육시스템의 재편성이 필요한 상황 속에서 젊은 세대의 교육을 어떻게 할 수 있을지, 그리스도교계에서의 휴머니즘에 대한 부정적 인식 문제를 어떻게 극복할 수 있는지에 대한 방향을 제시하려 했다.

불트만은 사르트르의 무신론적 실존주의와 하이데거의 탈휴머니즘적 논의와는 다른 방향으로 나아간다. 그는 사르트르처럼 인간 실존을 문제 삼고 있지만, 신앙과 신학의 입장에서 신의 피조물로서의 인간 실존을 논한다. 서구 근대성에 대한 비판의식은 하이데거의 입장과 공명하고 있다. 그러나 그는 하이데거와 달리 휴머니즘을 비판하며 넘어서려 하기보다는 휴머니즘을 비판하되 그 역사적 의의를 서구 문명사의 발전 속에서 바라보려 한다. 그러므로 불트만의 논의는 휴머니즘에 대한 적극적 찬동도, 반대도 아니다. 그는 인간의 한계와 그 한계적 인간이 살아내는 역사의 한계 속에서 어떻게 휴머니즘과 그리스도교가 잘못될 수 있는지를 충분히 인식하며 사유를 전개하고 있다. 서구 휴머니즘의 폐기를 주장하고 있지 않기에 온건한 입장으로 비추어질 수 있겠으나, 불트만은 신 앞에 선 인간 실존의 문제를 논함으로써 인간 주체의 자율적, 독립적 실존에 대해서는 매우 비판적이었다.

3. 개념사적 이해

불트만은 휴머니즘의 발생과 서구사의 전개 속에서 연속성을 인정하되 상황적 변모를 인식하고 있었다. 이해를 심화시키기 위해 휴머니즘의 개념사적 기원을 짚어보자. '휴머니즘'이라는 개념은 19세기 초에 등장했다. 독일 개신교 신학자, 목사, 교육개혁가였던 니트함머(Friedrich J. Niethammer, 1766-1848)가 『우리 시대의 교육-수업 이론에서 박애주의와 휴머니즘의 다툼』(1808)에서 이 용어를 최초로 사용했다. 휴머니즘을 가리키는 이탈리아어 '우마네시모'(umanesimo)는 니트함머의 휴머니즘 개념으로부터 유래한다. 그는 휴머니즘을 교육철학적 차원에서 논하였다.

니트함머 당시 박애주의(Philanthropinismus) 교육에서는 계몽주의 정신을 계승하여 실용주의적 교육과 가족, 국가, 이웃사랑을 강조하는 윤리 함양에 중점을 두고 있었다. 이 교육의 최종 목표는 학생들이 실용적 기술을 익히도록 하여 그들이 직업적 삶을 잘 살아내도록 돕는 것이었다. 니트함머는 이러한 박애주의 교육도 중요하지만, 더 나아가 학생들에게 고전 헬라어 교육과 미학, 역사 교육을 시킴으로써 온전히 계발된 선하고 아름다운 인간을 육성하는 것에 중점을 둔 인문주의 교육 또한 이루어져야 한다고 주장했다.[6] 이는 칸트의 계몽주의적 사유를 흡수한 신학적 진영의 휴머니즘과 합류하는 지점이다.

18세기 괴테, 헤르더 등을 필두로 하는 질풍노도 시기의 휴머니스트들은 그리스 고전 시기 교육의 이상(Bildungs-/Erziehungsideal)을 재생시키고자 했다. 이러한 신휴머니즘적 교육 프로그램은 '진'(Wahre), '선'(Gute), '미'(Schöne)의 이상을 추구했다. 플라톤에게로 소급되는 진·선·미는 고전 그리스 시기에 아름다움과 선한 인격성을 구현해내기 위한 교육의 목표였으며 이후 유럽 사상의 전통에서 반복적으로 등장하는 것이었다. 휴머니즘적 교육 프로그램은 김나지움과 대학을 중심으로 한 심도 있는 교육 차원으로 발전하게 되었다.[7]

서구에서 휴머니즘 개념은 이렇게 교육의 차원에서 최초로 사용되었다. 이후 유럽 역사서술 차원에서 휴머니즘 개념이 르네상스와 연관되어 거론되게 되었고, 결정적으로는 스위스 출신 역사가 야코프 부르크하르트(Jacob Burckhardt, 1818-1897)의 저술에 힘입어 '르네상스 휴머니즘'이라는 통념이 굳어지게 되었다.[8] 우리가 서구 휴머니즘을 르네상스 시기로부터 시작된 일직선상의 발전으로 이해하는 배경에는 이처럼 19세기 정신적, 역사적 전개에 대한 서구적 자기 이해의 계기가 내재되어 있다.[9] 휴머니즘은 자연상태의 인간으로서의 안트로포스가 아닌 고양된 문화적 인간으로서의 고대 그리스의 이상적 인간인 후마니타스를 지향한다. 서구인이 자신들을 후마니타스로, 비서구인을 안트로포스로 분류한 것은 서구의 자기 이해 속에서 자연스럽게 진행된 방식이었던 것이다. 그러므로 제국주의, 식민주의 시대 때의 휴머니즘은 서구인들을 위해서만 제대로 작동했다고 말해도 과언이 아니다.

4. 「휴머니즘과 그리스도교」(1948)

불트만의 휴머니즘 논의는 앞서 상술한 의미에 가깝지만 거기에 한정되지 않는다. 서구적 자기이해의 연장선에 서 있되 좀 더 복잡한 양상을 띠는 이유는 서구 휴머니즘과 그리스도교 모두를 비판적으로 성찰하며 인간 실존으로 인해 야기되는 그 명암을 유념하기 때문이다. 그는 서구 근대성의 기원이 되는 휴머니즘과 그 문화적 전통으로서의 그리스도교와 신앙적 그리스도교를 변증법적 관계로 서술한다. 여기에서는 필연적인 합명제로서의 통합은 이루어지지 않는다. 각각의 문제와 의의를 숙고함으로써 다양성이 공존하고 교류하도록 하는 방식이다. 이러한 공존에는 끊임없는 자기 성찰과 비판이 요구된다.

불트만의 「휴머니즘과 그리스도교」 첫 번째 논의는 1948년, 학술지 『일반교육』에 발표되었다. 이 잡지는 "개념형성 및 연구방법과 관련하여 학문의 통합"을 목표로 하는 분과횡단적 월간 학술지였다.[10] 불트만의 글은 총 3장으로 구성되어 있는 짧은 글로서 각 장의 제목이 없이 번호만 붙어 있다.[11] 학술지의 성격상 그의 글은 신학자들을 향한 것이 아니었다. 불트만은 그리스도교라는 문화적 기반을 가진 서구, 그중에서도 과거를 극복하고 새로운 국가를 건설해야 할 독일에서 새로운 세대를 교육하는 문제에 대해 방향성을 제시하려 했다.

1) 인간의 역사와 휴머니즘 정신

불트만은 자신이 논하는 휴머니즘이 "15, 16세기 (…) 학문과 교회 영역에서 정신적 움직임을 표시했던 바와 같은 역사적 의미에서 생각된 것이 아니라, 당대에 사용되던 내용개념(Sachbegriff)으로 생각한 것"임을 밝힌다. 그가 사용한 휴머니즘은 당대의 일상적 의미의 개념으로서 "인간의 본래적인 삶을 정신적인 것에서 보며, 인간을 참 인간으로 만드는 힘으로서 정신적 교육을 이해하는 자각"을 뜻했다. 휴머니즘에 형태를 제공하는 정신으로서 진·선·미의 사유—학문의 근간으로서의 진, 공동체의 법이념과 윤리의 기반으로서의 선, 예술을 형성하는 미에 대한 논의—는 독일 신휴머니즘적 맥락에 해당된다.

진·선·미의 이념을 기반으로 창출되고 유지되는 "학문", "법", "예술"로 인해 이 세계는 인간에게 비로소 "고향"(Heimat)으로 인식될 수 있다. 휴머니즘의 이러한 이상적 세계에서 인간은 자신을 세계와 유리되지 않은 존재로서 인간 정신에 의거하여 세계를 구성할 수 있다고 확신한다. 휴머니즘적 정신, 인간 본연의 정신성이 끝없는 노력을 통해 온전히 구현되고 건설되어 운영된다면 그러한 문화 속에서 인간은 고향을 상실한 것이 아니다. 세계는 인간에게 고향으로 느껴진다. 세계는 인간 정신으로 이해할 수 있고 인간의 힘으로 살아낼 수 있는 곳이다. "진선미의 이념들을 바탕으로 하는 학문, 법, 예술은 세계를 인간의 고향으로 만들고 인간 자신을 우주의 일원으로 이해하게 하는데, 인간의 정신은 그 우주를 정신에 의해 철저히 통제되는 통일체로 바라본다." 인간이 처한 곳이 낯설지 않으며 오히려 그의 고향이 되고 그의 이상과 정신, 진리와 선함과 아름다움을 통하여 그의 편한 처소가 되도록 하는 정신이 바로 휴머니즘의 정신이라는 것이다. 인간은 그 고향에서 자신의 인간성과 공동체성을 더욱 구체화하며 세계를 더욱 밝히는 작업에 매진한다.[12] 휴머니즘의 역동성은 세계를 구성하고 지배하는 인간의 활기찬 자신감과 인간 스스로에 대한 믿음에 기반을 둔다.

불트만은 휴머니즘을 기술함에 있어 이러한 인간의 정신적 태도를 잘못된 것으로 간주하거나 휴머니즘을 인본주의로 환원시키고 있지 않다. 그는 인간의 역사 속에서 전개되는 휴머니즘의 정신과 유산을 충분히 인식하고 인정한다.

2) 휴머니즘이 구현하는 세계와 그리스도교가 구현하는 탈세계화

불트만은 이어 휴머니즘과 매우 다른 그리스도교의 인간 존재의 이해방식을 설명한다. 그리스도교의 인간 실존은 탈세계화(Entweltlichung)를 추구한다. 이는 인간이 세계/세상을 등지거나 육을 경시하고 영적, 피안적 삶을 추구해야 한다는 금욕주의적 의미가 아니다. 이 세계는 인간에게 진정한 고향이 될 수 없다는 그리스도교적 자각이다. 세계는 인간의 정신이 탐구되고 구현되는 장이다. 그러나 그곳이 인간의 고향은 아니다. 휴머니즘이 인간 정신과 그것이 구현하는 세계에 초점을 맞춘다면, 그리스도교는 인간 정신을 넘어서는 신적 지평을 바라본다. 진·선·미가 휴머니스트 정신의 중요한 동력이자 가치라면, 신은 바로 그 진·선·미를 통한 인지 자체를 초월하여 존재한다. "인간은 이미 진, 선, 미를 추구함으로써가 아닌, 오로지 세계로부터 스스로를 자유케 하고 자신의 고향으로서 영원한 분에게 날아오를 수 있을 때에만 신을 인식할 수 있다."[13]

불트만은 휴머니즘의 진, 선, 미가 구현된 학문, 법, 예술에 대비하여 그리스도교의 진, 선, 미를 새롭게 해석해낸다. 그리스도교에서의 '진'이란 학문이라기보다는 실존적으로 인식되는 신의 현실성이다. 이러한 신 인식은 학문처럼 소유될 수 없으며 늘 새롭게 얻어지는 미래적인 것이다. '선'이란 법이 아닌 나에게 요구하는 신의 의지이다. 신의 인간을 향한 사랑에로의 요구를 듣고 인간은 자신을 필요로 하는 이웃을 향한 사랑의 실천을 위한 결단의 사건으로 선을 드러낼 수 있다. '미'는 그리스도교 신앙에서 현실성의 깊이를 열어주는 예술을 의미하지 않는다. 인간의 운명에 대한 의문은 예술작품을 통해서가 아니라, 오직 고난 가운데에서 새롭게 발견될 수 있다.[14] 그리스도인의 실존은 신의 용서를 통해 은혜를 입어 이웃 사랑으로 결단하는 매 순간순간에 근거를 둔다. 이것이 바로 탈세계화이며, 인간 스스로가 이룩해낸 '공로'(Werk)가 아닌 '신앙' 속에서 실현되는 실존이다.

따라서 불트만은 다음과 같이 단언한다. "그리스도교적이라는 학문도, 그리스도교적이라는 윤리도 없다. 그리스도교 신앙의 정치적 프로그램이나 사회적 프로그램이라는 것도 없다. 그리스도교적인 예술도, 그리스도교적인 교육도, 그리스도교적 교육학도, '그리스도교적 휴머니즘'도 없다. 물론 그리스도인으로서 학문과 예술에 종사하거나 그리스도교 사유세계와 역사의 영역으로부터 소재를 선택하는 등 모든 것은 있을 수 있다. 그러나 '그리스도교적' 학문, 혹은 '그리스도교적' 예술을 말하는 것은 남용이다. 왜냐하면 '그리스도교적' 방법은 이 모든 정신생활의 영역에 대해 존재하지 않기 때문이다. 그리스도교적[즉, 그리스도인] 제화공(Schustser)은 있더라도, 그리스도교적 제화업(Schuhmacherei)은 없다."[15]

그리스도교 신앙을 지닌 인간의 행위는 있겠지만, 인간이 만든 제도와 법에 그리스도교적이라는 이름을 붙일 수 없다는 데에서 명백히 드러나는 것은 그가 고민했던 인간의 실존과 자유의 문제이다. 그리스도교와 휴머니즘이 동행하거나 반목했던 서구 역사에 대한 충분한 성찰을 사유의 바탕으로 삼고 있음도 잘 드러난다. 불트만은 그리스도교와 휴머니즘의 결합을 주장하지 않는다. 휴머니즘은 인간이 세계를 안식처로 삼고서 진, 선, 미 이념으로부터 형태화된 법과 제도 하에서 자유를 누릴 수 있다고 제시한다. 세계 내 인간의 자유이다. 반면 그리스도교인의 신앙 속에서 신자는 신의 용서라는 은혜 속에서 의인'이어야 할 자'가 되는 것이다. 인간은 과거를 자신의 공로를 통해 제거할 수 없고 스스로 윤리적으로 성숙될 수는 없는 것이다. 한 인간이 교육을 통해 윤리적 도덕적으로 온전해질 수 있다는 휴머니즘적 이상주의는 그리스도교적 이해방식에서는 불가능한 바람이다. 불트만에 따르면 인간의 본래적 실존은 교육, 교양훈련을 통해서는 결코 얻어질 수 없다. 그것은 인간이 자신의 고향을 세계에 한정하지 않고, 세계를 넘어 탈세계화해야만 하는 것인데, 이는 인간의 자기중심적 안락, 안전을 포기해야만 가능하다. 인간이 안락을 포기하고 신이 요구하는 사랑의 모험으로 나섬으로써 아직 다가오지 않은 시간으로서의 미래에로 자신을 개방하게 되고 신과 동행하는 본래적 실존의 길로 나아갈 수 있다.

그리스도교의 칭의론은 그러므로 죄인이 곧 의인이 되었다고 선포되는 순간 의인이 된 상태를 획득하여 안전하게 유지한다는 뜻이 될 수 없다.[16] 교회 또한 신의 용서의 말씀을 선포하여 죄인을 의인으로 만드는 기관일 수 없다. 교회의 존재는 신의 용서의 말씀이 계속 말해지고 전해지기 위한 것이며 여기에 교회의 의미가 있다.[17] "그리스도교의 칭의론의 의미는 죄인이 의롭게 여겨졌다는 것이며, '이어야 할 자'로 아직 되지 않은 인간을 '이어야 할 자'가 된 것같이 신이 받아들이는바, 신이 그를 그러한 자로서 받아들이기 때문에 그는 마치 '이어야 할 자'가 되었다는 것이다. (…) 그러나 용서하는 말이 일반적인 진리가 아니라 (…) 용서하는 말은 그때그때 순간을 향해 말해지는 것, 그리고 이 순간을 신의 은혜의 빛으로 비추는 것임을 이해할 때에만 올바로 이해될 것이다."[18] 여기에서 탈세계화의 의미가 드러나는데 그것은 세계와의 변증법적 관계이다. "'탈세계화'는 금욕적 방식을 통해 세계로부터 도피하는 그리스도교적 신앙을 의미하는 것이 아니다. 그리스도교적 신앙은 오히려 '마치 소유하지 않은 것처럼 소유한다'는 저 변증법적인 것이다."[19] 변증법적이라기보다는 차라리 역설로 다가오는 그리스도인의 실존이란, 도덕적이고 윤리적인 사람이 되었다는 성취감, 자만심을 버리고 도덕적, 윤리적 인간으로서의 삶을 신적 은혜에 힘입어 순간순간 살아내고자 쉼 없이 분투하는 것이다.

이러한 휴머니즘과 그리스도교에 관한 그의 사유는 당시 불트만이 관여했던 독일연방공화국의 재건 시 학교에서의 종교교육과 휴머니증적 교육에 관한 조언에서도 실천적으로 드러났다. 1948년 5월 7일, 올덴부르크의 교육사안과 관련한 논의에서 그는 '신앙의 교회'(Kirche des Glaubens)와 '교회의 제도화된 형태'를 철저히 구분했다. 제도교회가 학교에서 종교교육의 주체가 되어서는 안 된다는 게 그 요지이다. 인간인 성직자의 교권주의가 학교에 행사될 가능성이 있기 때문이다. 그러나 학교에서 종교적 가르침을 위한 책임기관으로서 '신앙의 교회'는 참작될 수 있다고 보았다. 이는 학교에 종교교사가 있는 형태로서 가능하다. 학교는 종교교육을 책임적으로 운영해야 하며, 특정 교회의 특권의식에 의해 그 권리를 결코 침해당해서는 안 된다는 것이 그 요지였다.[20]

3) 휴머니즘과 그리스도교의 협력적 관계의 시대

불트만은 1948년 6월 18일, 문헌학자 아우어바흐(Erich Auerbach, 1897-1952)에게 보낸 편지에서 다음과 같이 당시 상황을 진단했다. 나치 시대를 통해 드러난 것은 개신교와 로마가톨릭 모두 독일에서의 교육(교양)권력(Bildungsmacht)으로서의 제 역할을 해내지 못했다는 것이다. 그러므로 그리스도교와 충만한 긴장관계 속에서 조화롭게 연관되어 발전한 휴머니즘을 재수용하는 것보다 더 나은 해결책은 없다는 주장이었다.[21] 불트만은 휴머니즘과 그리스도교 모두 나치 치하에서 제 역할을 할 수 없었으며, 휴머니즘의 경우 왜곡된 방식으로 전개되어 비인간화를 초래했다고 보았다.

제2차 세계대전 종식까지의 역사를 돌아보았을 때, 고백교회와 같은 소수 그리스도인들을 제외하고는 개신교, 가톨릭 모두 나치에 협력했으며, 이들은 이후 전체주의 국가체제 하에서 탄압과 통제의 대상으로 전락했다. 휴머니즘 또한 마찬가지로 제 힘을 발휘할 수 없었다. 나치 이데올로기 하에서 의미와 가치를 지닌 한 인격체로서의 자의식이 결여된 현대인의 모습이 드러났다. 이는 '반(反)휴머니즘적 인간상'이었다. 인간은 한 인격체가 아닌 국가라는 기계의 부속품에 불과했다. 휴머니즘적, 즉 인문주의적 교육이 철저히 억압, 상실된 시기였다.[22] 역사 속에서 그리스도교와 휴머니즘이 반목할 때도 있었으나 상호영향관계 속에서 발전해 왔다면, 나치 치하에서 발전적 길항관계는 철저히 탄압당했다.

그간의 역사로부터 얻은 교훈은 서구 역사가 기계화에 힘입어 나아가 왔으며 나치에서 정점에 이른 현대적 야만을 자행했다는 점이다. 다시 이러한 야만으로 회귀하지 않으려면, 휴머니즘 속에 보전된 고전기 전통의 정신적 힘을 제거해서는 안 된다. 그리스도교 입장에서는 그리스도교가 그러한 과학기술적 기계화의 야만이나, 특정 문화의 형태, 단계와 연관되지 않으므로 차라리 휴머니즘을 포기해야 한다고 주장할 수도 있다. 그러나 소심하기도 하고 허영심 많은 인간은 금방 야만의 나락으로 빠져들 수 있음은 역사를 통해 증명되었다. 불트만은 그리스도인들에게 인간 실존에 대한 깊은 이해를 촉구한다. 그리스도교조차 나치의 야만에 빠졌었음을 상기해야 한다고 말이다. 당대 고백교회가 나치에 저항했다고 할지라도 구체적으로 역사를 살아가는 개별자로서의 그리스도인들은 당대의 인간 실존의 문제를 벗어날 수 없었다. 인간은 언제나 신적 용서의 빛을 통해서만 자유의 권리를 순간 누릴 수 있을 뿐이다. 죄인이자 동시에 의인이라는 역설적 실존을 인정하는 것이 바로 그리스도교적 인간 이해이다. 그리스도교의 역사를 성찰적으로 되돌아볼 때, 휴머니즘과 그리스도교의 관계는 양자택일의 문제일 수 없었다.

그러므로 불트만은, 방종의 극단으로 나아간 나치즘의 배후에 인간을 세계의 주체로 세워 결국 인간을 신으로 만든 휴머니즘이 있었다는 그리스도교계의 비판적인 시선을 재고해야 한다고 촉구한다. 그리스도교적 신앙의 입장에서는 그러한 휴머니즘의 신 관념이 망상이나 오류로 보일 수 있다. 그러나 휴머니즘적 관념이 신 인식으로 지칭되며 오해를 산 것이지, 사실 휴머니즘은 인간 이해에 대한 본질적인 인식의 표현일 수도 있지 않겠는가라는 것이 그의 반문이다. 휴머니즘적 인간 이해에는 이성을 갖춘 인간 정신의 고귀함과 의무에 대한 무한한 믿음이라는, 인간 자의식의 기초적 가능성이 내재되어 있다. 이 유산은 역사적으로 형성되었고 그리스도교와 더불어 발전해 왔기에 근본적으로 논박되거나 극복될 수 있는 성질의 것이 아니다.[23] 불트만은 그리스도교계에 이러한 역사적 이해에 기반을 두어 휴머니즘을 이해하라고 요청한다. 그리스도교의 이름으로 휴머니즘을 포기하라고 요구하는 일과 휴머니즘의 이름으로 그리스도교를 포기하라고 요구하는 일은 모두 무의미하다. 불트만은 휴머니즘의 실존 이해와 그리스도교의 실존 이해가 늘 함께로서만 존재 가능하다는 것을 '역사적 운명'으로 단언한다.[24]

휴머니스트에게도 자명한 것은 그리스인들이 알지 못했던 반성의 힘이 그리스도교에서 탄생하여 역사 속에서 인간 영혼의 새로운 깊이를 규명하였다는 점이다. 아우구스티누스의 『고백록』을 필두로 자기 고백적, 자서전적 유산이 바로 그 예이다. 그리스도교의 전통을 고려함으로써만 근대적 개인주의와 주관주의의 거대한 움직임들, 즉 중세 유명론과 신비주의에서 발원하였고 라이프니츠(Leibniz)와 샤프츠버리(Schaftsbury), 하만(Hamann)과 헤르더를 거쳐 낭만주의로 나아가는 그 흐름을 이해할 수 있다. 더 나아가 인간 실존의 관점에서 본다면 인간 스스로가 자기 자신과 이 세계의 주인이 될 수 있다는 유혹에 빠지도록 인도할 가능성이 휴머니즘에 도사리고 있다. 휴머니즘의 찬란한 성과인 학문과 법, 예술은 인간 그 자체의 수수께끼에 대한 해답을 제공하지 못한다. 이는 그리스도교가 해답을 제공한다는 의미가 아니다. 그리스도교에서는 인간적 삶에 관한 수많은 의문이 인간의 정직한 고백의 형태로 표현되어 왔다는 점이다.

불트만은 동시대 그리스도인들을 향해 휴머니즘과 그리스도교의 상호 긴밀한 협력관계가 요청되는 시대 인식을 일깨우려 한다. 휴머니즘과 그리스도교는 비인간화, 인간의 소외, 인간의 주관주의적 방종에 저항하는 노선을 공유한다. 특히 주관주의의 방종에 대한 투쟁에서 휴머니즘과 그리스도교 신앙은 일치한다. 왜냐하면 그리스도교 신앙에서 진·선·미는 인간 완성의 충분조건은 아니지만 필요조건으로서 그 규범적 정당성을 유효하다고 판단하기 때문이다.

그리하여 불트만은 이 둘의 관계를 "율법과 복음"의 관계에 비유한다. 바울은 로마서에서 복음의 의의를 다음과 같이 전했다. "그리스도는 율법의 끝마침이 되셔서 모든 믿는 사람에게 의가 되어 주셨습니다."(롬 10: 4) 신과의 참다운 관계를 맺어 인격적이고 본래적인 실존을 얻고자 할 때 율법은 한계를 지닌다. 율법을 완벽히 다 지키는 인간적 행위에 기대어 구원에 이를 수 없다. 신과의 분리된 실존은 인간적 안정과 만족을 포기해야만 극복될 수 있기 때문이다. 이러한 율법의 한계에서 비로소 복음이 시작된다. 용서하는 신의 은총에 힘입어 해방된 신자가 은혜에 기대어 사랑을 실천하고자 하고, 사랑을 실천함으로써 복음이 시작된다. "서로 사랑하는 것 외에는, 아무에게도 빚을 지지 마십시오. 남을 사랑하는 사람은 율법을 다 이룬 것입니다. (…) 사랑은 율법의 완성입니다."(롬 13: 8, 10) "모든 율법은 '네 이웃을 네 몸과 같이 사랑하여라' 하신 한 마디 말씀 속에 다 들어 있습니다."(갈 5: 14)

휴머니즘과 그리스도교는 함께 근대적 상대주의와 허무주의, 모든 비인간성에 대해 저항한다.[25] 더욱 기계화되고 조직화되는 세계 속에서 인간은 목적들을 위한 수단이 되어 거대 기계의 부품으로 전락하고 있다. 인간은 본질상 정치적이고 타산적인 정책으로 조정될 수 있는 자연적 발전의 산물로 취급되어 그 삶의 의미를 착취당하고 있다. 이때 휴머니즘과 그리스도교는 인간이 스스로를 가치 있는 인격으로서 인식할 수 있게 한다. 그리하여 인간이 서로 적대하도록 하는 이데올로기적 속박으로부터 해방되도록 이끌 수 있다. 인간의 진정한 해방을 위해 휴머니즘과 그리스도교는 함께해야 한다.[26]

서구 역사 속에서 휴머니즘과 그리스도교는 함께 발전해 왔으며 각자의 특성을 유지하면서도 공동의 목표, 즉 비인간성에 대해 투쟁하는 동맹관계였다. 그러나 양자의 관계는 늘 팽팽한 긴장 속에서 이루어지는데, 이 긴장은 유용한 것이다. 각자를 돌아보게 하는 성찰적이며 발전적인 긴장이기 때문이다. 제2차 세계대전 후 서구 휴머니즘과 그리스도교에 대한 불트만의 논의는 이 둘 사이의 끊임없는 진동과 긴장 속에서 이루어지는 진정한 인간 이해와 해방의 새로운 과제를 제시하고 있다.

5. 휴머니즘의 건설적 해체로

이 글에서는 불트만이 20세기 전후의 시절 휴머니즘의 지위를 어떻게 당대의 정치적 국가적 상황에서 재해석했는지 살펴보았다. 그의 삶의 자리는 파괴적 인간성이 불러온 참극을 보여준 전범국 독일이었다. 전후의 충격이 여전했던 혼란의 현장에서 불트만은 휴머니즘과 그리스도교의 관계를 조명했다. 그의 관심은 인간성의 회복과 독일의 새로운 정신적 문화적 근거를 세워가는 일이었다. 이는 구체적으로 전후 세대를 어떻게 교육할 것인지에 대한 실천적 사안이었다. 그는 그리스도교 전통 안에 머무르지 않고 함께 발전해 온 휴머니즘의 역사적 의의를 밝히고자 했으며, 비인간화, 주관화, 상대주의적 문화와 인간 조건에 대해 휴머니즘과 그리스도교가 함께 저항할 수 있다는 관점을 제시했다. 그러나 동시에 그가 펼치는 주요한 논지는 결국 서구 문명의 양대 축인 휴머니즘과 그리스도교는 공통점에도 불구하고 매우 뚜렷이 반대되는 삶의 지향점을 제시한다는 것이다. 양측이 혼재가 불가능하다는 주장에서 그의 그리스도교의 신앙적 입장과 서구 근대성에 대한 비판적 입장이 뚜렷이 드러나고 있다. 인간 스스로의 공로와 업적을 추구하고 만족하는 것이야말로, 이 세계에 대한 안주로서 비본래적 인간 실존에 머물러 새로운 자기 이해의 가능성을 닫는 행위이다. 인간은 겸손해야 한다. 이것이 서구적 파멸 속에서 얻은 그의 성찰이었으며 많은 지식인들이 이에 공감하였다.

불트만은 자신의 삶과 현장의 자리에서 휴머니즘과 그리스도교를 구분했다. 이와 같은 구분을 신중하게 강조하는 태도는 자유주의 신학과 경직된 교리 중심적 정통신학에 대해 비판적인 신정통주의적 입장과 관련이 있다.[27] 인간이 신이 되어 인간을 탄압하고 착취하는 역사적 상황 속에서 탄생한 신정통주의 신학은 하나님과 인간의 무한한 질적 차이, 하나님의 초월성을 강조했다. 그러므로 신정통주의 신학자 바르트는 후기로 갈수록 철학의 잔재를 떨치고 성서와 그리스도교 전통 교의로 이행했다. 불트만의 신학에서도 하나님의 초월성과 인간의 한계는 뚜렷하다. 다만 바르트와 달리 그는 현대인들을 위한 성서의 해석학적 발전에 매진했으며 초기 하이데거와의 교류 속에서 현존재의 세계-내-존재의 구성을 신학적으로 수용하여 그리스도교적 실존주의를 지향했다.

그러나 서구 역사와 사상의 발전 속에서 휴머니즘과 그리스도교의 경계는 사실상 뚜렷하지 않다. 어쨌든 양측을 분리해서 생각해 본다면, 이들은 서로의 차이로 인한 자극을 자양분으로 하여 발전해 왔다고 표현할 수 있다. 긴장 속에서의 상호작용은 특히 휴머니즘 전통과 그리스도교 전통이 교차되는 지점으로서의 사상가, 즉 인간의 사유와 삶, 실존에서 잘 드러난다. 한 인간의 실존적 삶 속에서 그 혼재는 더욱 뚜렷하다. 이에 불트만은 휴머니즘에서도 잘못된 휴머니즘, 그리스도교에서도 잘못된 그리스도교가 얼마든지 현실화될 수 있음을 인정했다. 휴머니즘은 역사 속에서 인간의 오만과 방종이 정점에 다다랐던 때의 휴머니즘적 사고방식과 늘 대결하며 인간을 축으로 삼아 세상을 재단하는 위험성에 깨어 있어야 한다. 그의 휴머니즘에 대한 긍정은 휴머니즘에 인간의 성숙하고 깊이 있는 자기 반성적 사명이 동반될 때에 가능한 것이다.

우리의 입장에서 볼 때, 서구 지식인들은 어떠한 상황에 있었던지 그리스도교인으로서 휴머니즘적 사유를 했던 이들이거나, 반종교적이었다 하더라도 그리스도교 문화적 토대 위에서 휴머니즘적 사유를 발전시킨 휴머니스트들이었다. 결국 이들이 말하는 휴머니즘 비판이나 휴머니즘의 극복 문제에 있어서 종교적인 부분은 늘 따라다닌다. 인간을 둘러싼 휴머니즘과 종교, 그리스도교의 관계는 근대 이래로 서구 역사 속에서 늘 문제적 위치를 차지하고 있으며, 서구 근대성 문제에 핵심적이다. 그리고 반휴머니즘적 사유 또한 휴머니즘적 사유와 동시에 진행되어 왔다. 불트만의 신학적 사유는 휴머니즘적 사유 측으로나 반휴머니즘적 사유 측으로 분류되기 어려운 둘 사이의 긴장관계를 잘 보여준다. 따라서 휴머니즘에 대한 비판이나 휴머니즘을 넘어서는 논의를 심화시키기 위해서는 서구적 휴머니즘의 다양한 지류를 분화해서 바라볼 필요가 있다. 휴머니즘은 제거되어야 하는 것에 머무르지 않고 포스트휴머니즘적 사유의 발전을 위한 근본적 성찰의 참조점이 될 수 있을 것이다.

더 나아가 우리 입장에서 휴머니즘을 비판하고 넘어서기 위해서는 한국의 역사적, 현장적 상황을 더 정밀히 성찰적으로 돌아보아야 할 것이다. 일제강점기 때 휴머니즘은 강자의 편에서 이루어지는 것이었다. 식민지인들에게 있어서 휴머니즘은 그 어느 때보다도 본연의 의미대로 구현되어야만 하는 것이었다. 당대인들은 서구 근대성의 문제로서의 휴머니즘을 양가적으로 경험했기에 그들이 추구하는 휴머니즘은 식민자들이 설파하는 휴머니즘에 대한 비판을 내포하고 있었다. 현재의 한국에서도 휴머니즘은 여전히 인권 정의 구현과 약자를 위한 복지를 호소하는 것과 연관되며, 우리의 교육은 모두 휴머니즘에 기반하고 있다. 그러므로 근대 이래 우리가 어떻게 걸어 왔으며 현재 서 있는 자리가 어디인지에 대한 과정적 성찰이 이루어지면서 포스트+휴머니즘에 대한 논의가 이루어진다면, 휴머니즘에 대한 여러 고민과 새로운 대안을 모색하는 21세기 우리의 상황에서 의미 있으며 글로벌한 차원으로도 기여할 수 있는 사유의 결과물들을 도출해 나갈 수 있을 것이다.

6

생명 · 생태 · 지구

자연의 권리와 지구법학의 과제

강금실
(지구와사람 포럼)

1. 자연의 권리, 지구의 꿈

생명은 그리스도교의 중요한 핵심 개념이며 자연의 권리는 지구법학(Earth Jurisprudence)의 핵심 개념이다. 실제로 지금 전 세계적으로 생태운동은 '자연의 권리 수호' 운동으로 나타나고 있다. 지구법학이라는 개념 자체는 2001년에 토마스 베리(Thomas Berry, 1914-2009)에 의해 처음으로 제안되었다. 지구법학은 인간중심의 법질서가 지구중심으로 바뀌어야 하고, 자연의 권리(The Rights of Nature)를 인정해야 한다고 보는 이론이다. 지구법학은 지구공동체(Earth Community)-생명공동체(life community)를 전제로 하고, 지구공동체 거버넌스의 기초를 제공하는 법원리이다.

토마스 베리는 예수 고난회라는 가톨릭 수도회에 20대 때 입회했다. 불교, 유교, 그리스도교를 비롯한 많은 종교, 전통 사상, 북미 인디언 문명, 또 여러 가지 역사, 기업 등 다방면으로 공부와 연구를 하였다. 그는 이 세상이 바람직한 방향으로 바뀌기 위해 현실적인 시스템 변화를 요구했고, 특히 법적 영역에서 지구법학으로 나아가야 한다고 말했다. 그리스도교적 관점에서는 생태신학을 전개했다는 점에 큰 의의가 있다.

토마스 베리의 주요 저서로는 『지구의 꿈』, 『위대한 과업』, 『우주 이야기』, 『황혼의 사색』이 번역돼 있다. 그리스도교와 관련해선 『신생대를 넘어 생태대로』, 『그리스도교의 미래와 지구의 운명』이 있다. 그는 10대 때 경험한 미국의 급격한 변화를 책에서 담아낸다. 기차가 생기고, 나무를 베어 댐을 짓고, 빌딩이 들어서는 것을 보면서 그는 생태 위기를 자각한다. 『위대한 과업』에 실려 있는 「샛강 건너 초원」(The Meadow Across the Creek)에서 평생을 결정지은 원체험을 이야기한다.

> 열한 살쯤 되었을 것이다. 집 아래로는 작은 샛강이, 샛강 건너에는 초원이 있었다. 5월 말 이른 오후, 나는 처음으로 새 집이 있는 언덕을 어슬렁거리다가 샛강 건너편의 경치를 바라보았다. 들판은 온통 하얀 백합꽃으로 뒤덮여 있었다. 이 마술 같은 찰나의 경험은, 지금까지 기억할 수 있는 그 어떤 경험보다도 더욱 심오한 그 무엇을 내 삶에 안겨주었다.

『지구의 꿈』이 생태 위기에 대한 생각을 엮었다면, 그의 두 번째 책 『우주 이야기』는 수리물리학자 브라이언 토마스 스윔(Brian Thomas Swimme, 1950-)과의 공동저술로서 근본적으로 우주, 지구, 인간이라는 시계열적 진화의 역사 속에서 '인간 존재가 어디서부터 왔으며 인간의 의미는 무엇인가', 또 '우주를 알게 된 이 상황에서 인간의 역할은 무엇인가'라는 물음에 답한다. 세 번째 책 『위대한 과업』에서는 지구와 인류의 미래를 위해 위대한 과업에 뛰어들어야 한다고 주장한다. 즉 산업 문명을 혹독히 비판하며 새로운 생태 문명 건설에 참여할 것을 촉구한다. 이 책이 90년대 발행되어 나온 지 벌써 20년이 지났지만, 지금에 이르러 현실이 되고 있다. 이제 생태 위기가 심각해져서 시간이 없다는 '비상사태'(emergency)라는 표현이 나오기 시작했다.

토마스 베리의 비전과 문제의식이 무엇인지 알기 위해 당대의 시대적 상황과 역사적 배경을 들여다볼 필요가 있다. 특히 지구법학은 민법, 형법 등 구체적인 법보다는 법체계에 대한 새로운 철학이기 때문에 주요 핵심 개념과 함께 철학적 배경에 대해 살펴볼 필요가 있다. 토마스 베리는 지구법학을 우주, 지구, 생명, 인간의 맥락에서 정당성과 원천, 그리고 어떻게 전개해 나갈지에 대한 방향을 제시한다. 그 해석이 매우 중요하다. 성경의 창조 질서와의 관계에서 토마스 베리의 문제의식은 더 잘 드러난다.

그는 가톨릭 수사였고 성경에 나오는 여러 가지 맥락 속에서 유학과 불교를 받아들여 사상을 완성했기 때문에 그리스도교적 관점에서 토마스 베리를 해석하는 건 매우 중요하다. 성경에서 말하는 이 세상에 대한 창조 질서는 창세기 1장에 나온다. 맨 앞에 "하나님의 영이 운행하고 계신다"는 표현이 나온다. 하나님이 이 세상을 만드는데 하나님의 영이 이 세상 안에 계신 것이다. 그리고 창세기에 바다, 땅, 식물, 하늘, 동물, 사람 등의 존재들이 나온다. 우주적이기도 하지만 지구로 좁혀서 보면, 이는 지구라는 존재 안에 살고 있는 온갖 존재들과 생명의 세계이다. 즉 창조 질서는 생명의 질서라고 말할 수 있다.

또 "보시니까 참 좋았다"라는 표현은 매우 의미가 있다. '좋다'는 표현은 어떤 윤리적인 판단이 들어가 있다. 하나님이 만든 이 세상이 융성하고 무럭무럭 자라고, 번식하고, 가득 채우라는 표현이 나온다. 결국 이 세상이 좋다는 것이다. 하지만 생명이 살아 움직이는 이 생명 질서가 윤리적으로 좋다는 말은 동시에 좋지 않은 것도 있다는 말이다. 나쁜 것이 있기 때문에 참 좋다고 하나님이 말씀하신 창세기 1장의 이 표현 속에는 '바람직한 세계란 무엇이냐'에 대한 어떤 정답이 주어져 있다.

토마스 베리는 「샛강 건너 초원」에서 "이 초원을 자연 순환 체계 내에서 보존하고 향상시키는 것은 무엇이든 선(善)이라고 보았다. 반대로 이 초원을 거부하고 부정하는 것은 무엇이든 선이 아니다"고 단언한다. 그리고 이 단순한 가치판단이 교육, 종교뿐 아니라 경제적, 정치적인 지향에도 적용된다고 이야기한다. 이것이 토마스 베리라는 한 사람 평생에 이정표가 된 것이다. 여기서 토마스 베리가 사용한 '좋다'는 표현은 창세기 1장의 하나님 말씀과 연관해서 음미할 필요가 있다. 좋고 나쁨은 생태학에서 윤리적인 판단이 들어간 기준이다. 물리적 기준이고, 도덕적 기준이고, 이 기준 없이는 판단하기가 힘들다.

예컨대 지금 여기가 옛날에는 풀밭이었을 것이고 개울이었을 수도 있다. 물론 어느 정도 건물도 세우고 물질문명을 발달시키는 것이 좋다. 사실 우리가 아울렛 복합 상가를 가면 쇼핑몰도 좋고 모든 것이

쾌적하고 좋다. 그런데 아주 근본적으로 어디까지가 우리가 침범할 수 있는 영역이냐, 즉 진짜 좋음과 좋지 않음이 무엇이냐는 근본적인 판단은 성경의 창조 질서와 토마스 베리가 말하는 좋음과 좋지 않음에 있을 수밖에 없다. 가끔 보면 그 벽에 부닥칠 수밖에 없어서 계속 고민을 하면서 가는 것이지, 결론을 딱 내고 쉽게 갈 수 있는 세상은 아닌 것 같다.

2. 창조 질서와 산업 문명

근대 이후 산업 문명의 질서는 창조 질서와의 관계에서 어떤 것일까? 산업화 이후의 여러 가지 통계들을 들여다보면, 대체로 1차 산업혁명이 시작된 18세기 후반에 경제성장이 시작되는데, 2차 산업혁명기인 20세기 초중반에 이르러 갑자기 급성장하는 추세를 보이고, 이와 더불어 이산화탄소 배출과 기후 온도는 물론 전 세계 인구가 정비례해서 증가하는 추세를 보인다. 그리고 정보화 중심의 3차 산업 혁명기인 1980년대에 와서 다시 가파르게 성장하면서 평균 0도에서 유지되어온 기온이 80년대 말에 정상 범위를 넘어가는 추세를 보인다. 이 시기에 어떤 일이 있었는지가 근대 산업 문명의 핵심인 것 같다. 결국은 과학기술과 에너지 이 두 가지다. 과학기술의 발달로 휘발유를 추출하게 되어 본격적인 화석연료 에너지 시대에 들어서게 된 것과 석유화학 산업이 일어나게 된 것이 급성장하게 된 결정타이다.

이 시기의 핵심 문제는 석유와 석유화학, 플라스틱에 있다. 80년대는 보다 정밀한 분석이 필요하지만, 세계화, 정보화, 중국의 개방과

성장이 영향을 미쳤을 것으로 보인다. 20세기 초에 10%에 불과했던 석유가 80년대 와서 80% 수준에 육박한다. 지난 100년을 어떻게 평가하고 부작용을 어떻게 극복해 나가야 할지의 문제가 앞으로 100년의 인류 미래의 과제다. 20세기 초중반에 과학기술의 엄청난 도약에 온 인류가 열광했다. 방사능을 발견한 퀴리 부인과 화학 농약 DDT를 발견한 화학자도 노벨상을 받았다. 한국도 1960년대 경제개발을 하면서 GDP도 급성장하고 이산화탄소 배출도 급성장했다. 지금은 이산화탄소 배출을 상당히 많이 하는 국가로 꼽히고 있다. 한국이 기후변화 대처에 기여도 안 하고 준비도 안 한다고 불량 국가라는 말을 듣고 있다.

현재 근대 산업 문명의 시대를 플라스틱의 시대라고 명명한다. 그리고 이미 인간의 영향력으로 지구의 화학적 지질학적 변화가 일어난 시기로서 홀로세를 벗어난 "인류세"로 부르는 게 일반화됐다. 2000년에 한 과학자에 의해 언급된 것인데, 산업 문명이 지구를 바꿨다는 걸 의미한다. 물리적으로만 바꾼 정도가 아니고 지질학적으로, 화학적으로 바꿨다는 것이다. 지질시대는 화석으로 분류하는데 1945년 전후 원폭실험으로 지구 지층에 방사능 낙진이 쌓인 것과 플라스틱 폐기물이 누적된 것을 인류세의 특징으로 제시한다. 지난 20세기 초부터 지금까지 딱 100년이다.

근대를 보통 2-300년이라고 얘기하는데, 실제로는 더 짧은 시간 안에 급격한 성장과 엄청난 폐해가 나타났다. 순환의 문제, 폐기물의 문제, 이산화탄소 배출 문제를 무시했기 때문에 부작용이 나타났다. 지질시대에서 홀로세는 약 12,000년 전에 시작된 시기로, 기후가 안정되면서 인류 문명이 시작된 역사가 놓여 있는 시기이기도 하다. 그런데 인류 문명이 너무 물질적으로 번영한 결과 불과 100년 만에 홀로세의 기후를 위기에 빠뜨려서 과학자들은 이미 홀로세를 벗어난 새로운 지질시대로서 인류세 시대이며, 그나마 더 온도가 오르지 않게 지구를 관리하여 좋은 인류세를 유지해야 한다고 지적한다.

한편 산업 문명이 본격화하던 19세기 후반인 1866년 생태학이라는 말이 처음 나왔다. 어떤 현상을 설명하거나 비판하려고 이러한 개념 용어들이 출현한다. 독일의 헤켈이라는 생물학자가 '생태학'이라는 말을 처음 썼다. 산업 문명이 본격화한 후 1962년에 미국의 과학자 레이첼 카슨의 『침묵의 봄』이 출간되어 본격적으로 환경문제를 제시해서 큰 영향을 미쳤다. 1967년 중세사학자 린 화이트는 '생태 위기'(ecologic crisis)라는 용어를 처음 사용했다. 사이언스지에 발표한 「생태 위기의 역사적 기원」이라는 글에서 기독교가 비순환적이고 직선적인 시간 개념을 가지고 있을 뿐 아니라 분명한 창조설로 인간만이 신의 형상을 취하고 인간을 이롭게 하고 인간이 다른 피조물을 지배하기 위해 이 모든 것을 계획했다고 가르침으로써 지나친 인간중심주의로 생태 위기의 원인을 제공했다고 비판했다.

지속가능성이란 개념도 1970년대에 출현했다. 1971년 미국의 과학자 배리 카머너는 『원은 닫혀야 한다』(*The Closing Circle*)에서 처음으로 이대로 가면 세계가 지속할 수 없다고 지적했고, 1972년 로마클럽의 보고서 『성장의 한계』에서도 이렇게 산업이 급성장하다가는 지구 용량으로 감당하기 어려워서 지속가능하지 않다고 문제를 제기했다. 1972년에 유엔에서 최초의 국제환경 회의가 열렸고, 지속가능한 발전 개념이 도입되기 시작했다.

생태학적으로는 2000년대에 이르러 새롭게 나온 용어가 '지구법학'과 '자연의 권리'이다. 이전의 용어들이 일종의 비판과 경고였다면, 지구법학과 자연의 권리는 대안을 의미한다. 새로운 패러다임을 요청하는 대안이 제시됐다는 점에서 발전했다고 볼 수 있다. 또한 다 바꾸지 않으면 큰일이 난다는 급박함이 담겨 있다. 지금 우리가 누리고 있는 이 정도의 물질적 삶을 살려면 지구가 3개 반이 필요하다고 진단한다. 이런 상황에서 지금은 어디에 왔을까? 생태 위기란 말은 이제 익숙할 정도로 많이 사용된다. 2020년 코로나 사태를 겪으면서 우리나라에서도 기후변화와 생태 위기에 대한 인식이 급격히 변하고 있다. 기후변화, 멸종, 폐기물 문제가 제일 크다.

여기까지 창조 질서에 근거한 근대 산업 문명의 문제와 그 역사적 배경을 살펴보았다. 결국 하나님의 창조 질서는 인간과 모든 피조물이 번성하라는 것이었는데, 인간이 급성장하고 결국 인간만 살아남은 형국이 됐다는 데 근본적인 문제가 있는 것 같다. 원래는 참 좋으니 다 같이 살라고 했다. 인간에게 온갖 생물을 다스리라고 했는데 다 없어져 가고 인간만 남았다. 그럼에도 우리가 갖고 있는 과학기술과 에너지의 힘으로 극복할 수 있다고 큰소리치는 데가 많다. 과학기술 만능주의, 즉 과학기술이 다 극복할 수 있기 때문에 기후변화에 문제가 없다고 말하는 사람도 있다. 과연 그럴까? 그렇게 간단한 문제는 아닌 것 같다.

3. 지구의 권리를 향한 여정

산업 문명이 초래한 폐해에 대해 비판을 해오다가 상황이 더욱 심각해진 21세기에 들어서서 지구법학이 제기됐다. 지구법학에서는 지구를 우리 공동의 집이라고 많이 표현한다. 한 발 더 나아가서 신생대 시대를 대체하는 생태대(Ecozoic) 시대로 가야만 한다고 한다. 토마스 베리가 제시하는 생태대의 비전은 현재의 지질학적 위기인 인류세(Anthropocene)를 극복하는 대안으로 볼 수 있다. 모든 존재가 함께 살아가는 에코조익 시대로 가야 한다는 비전 속에서 모든 생명이 존중받는 지구공동체를 이루어야만 한다. 지구공동체의 법질서와 지구공동체의 거버넌스는 지구법학이어야 한다. 토마스 베리는 지구와 지구 생명체, 인간을 포함한 모든 존재를 주체(subjects)로 명명하고, 주체들의 친교(a communion of subjects)가 지구공동체를 구성한다고 주장했다.

지구법학은 2001년 발표된 10개의 항목으로 구성된 권리 헌장을 기초로 한다. 여기서 말하는 권리는 근본적으로 존재가 있으면, 권리가 있으며 그 자체로 존중받아야 한다는 뜻이다. 민법, 헌법이라는 법체계에 들어가기 앞서서 근본적인 개념으로서의 권리라는 표현, 즉 있음으로 해서 살아 있음이 그냥 존중받는 그 상황을 권리라고 표현을 한다. 그중에서 존재할 권리, 서식할 권리, 지구 진화에 참여할 권리의 이 세 가지 권리가 현재 전 세계 자연의 권리 운동에서 중요한 3대 명제로 영향을 미치고 있다. 그런데 우리가 서식할 권리도 다 뺏은 거 같고 대멸종의 진행으로 진화에 참여할 권리도 많이 죽였다. 얼마 전 유튜브에 포크레인으로 땅을 파고 개발하니 거기 살던 고릴

라가 기계 위에 올라가서 데모하는 영상이 유포됐다. 동물들이 다 철거민인 것이다. 그런데 사람과는 달리 보상금도 안 주고, 이사 가서 살 땅도 안 주는 가혹한 철거를 한 것이다.

지구와 자연의 권리는 지금 전 세계적으로 많이 이슈가 되고 있고 입법의 사례들도 많다. 특히 최근 기후변화가 현실화되면서 종전의 환경권으로는 환경 위기를 해결하지 못했다는 자각에서 관심이 커지는 것 같다. 최초의 사례는 2006년에 펜실베이니아 주, 작은 미국 소도시에서 처음 나왔다. 사기업 소유의 폐광으로부터 유출되는 오염물질로부터 하천을 보호하기 위해서 자연의 권리를 인정한 조례가 나왔고, 2008년에는 에콰도르 헌법에 자연의 권리가 명문화했다. 2017년 뉴질랜드 황가누이 강에 관한 의회 입법은 가장 전형적인 입법례로 손꼽히고 있다. 이들 모두 개발과 자연보호 사이의 갈등 해결의 방식으로 채택되고 있다. 결국 지구법학은 종전의 관계, 즉 자연과 경제와 인간의 관계에서 경제가 가장 중요한 비중으로 취급돼 온 데 비해서 자연 안에 인간사회가 있고 그 범위 내에서 경제가 이루어져야 한다는 새로운 생태적 존재 범주를 제시하는 것이다. 이는 현재의 인류세 논의에서는 필연으로 이해된다. 지구 안에서 인간이 자기의 적합한 자리를 찾고, 그 자리에 합당한 경제 구조로 바뀌어야 한다는 것이 지구법학의 정신을 보여준다.

지구공동체가 가능하냐는 질문을 많이 받는다. 지구공동체는 지구 전체, 즉 인간과 모든 생명뿐 아니라 유기적으로 결합한 무기물 구성까지 공동체의 범위에 포함한다. 인간과 생명은 지구와 불가분적이며 연속적이고 통합된 하나라는 철학을 바탕으로 한다. 말 못 하는 짐승한테 무슨 권리를 어떻게 인정해 주라는 거냐는 질문도 많이 받는다. 인간의 법체계 내에서도 태아에게 손해배상청구권이 인정되고, 미성년자의 법정대리, 후견인 제도가 있는 것을 떠올리면 쉽게 이해될 수 있다. 자연의 권리를 대리 행사하는 수탁제도, 후견인, 관리인 제도가 필요해져서 인간의 역할이 중요해진다. 그래서 권리를 인정하려고 노력하는 태도가 중요한 것 같다.

산업 문명이 우리에게 남긴 교훈은 인간은 어마어마하게 위대하고 뛰어나다는 것이다. 하려고 마음먹으면 한다. 동물들하고 대화하는 쪽으로 과학기술을 발전시키려고 노력하면 대화하게 될 거라고 본다. 그래서 이 지구공동체, 지구법학을 우리의 미래로 과연 받아들이고, '이것이 과연 하나님이 말씀하신 창조 질서에 합당한가'에 대해 우리는 더욱더 진지하게 질문해야 할 때이다.

4. 지구의 위기와 생명의 위기

전 세계적으로 지구의 위기에 대한 패러다임의 변화가 본격적으로 시작된 해는 2015년으로 볼 수 있다. 1970년대부터 논란이 이어져 온 지속가능발전 문제가 드디어 2015년에는 UN에서 새로운 30년의 지침으로 지속가능발전목표를 설정함으로써 현실화되었다. 기존 경제적 관점의 여러 반대로 인하여 환경 문제가 이슈로 잘 부각이 되지 않았다. 경제, 사회, 환경, 이 셋을 통합하고 포용하고 염두에 둘 때 생명은 지속가능하다. 이제 인류는 생태 위기를 외면하고서는 이 지구에서 지속가능할 수 없는 상황이 되었다. 한편으로 의아한 점은 지속가능성의 문제가 가치의 문제이냐는 질문이다. 즉 지속가능성이 목표가 될 수 있는가의 문제이다. 우리는 우리 목숨이 살까 말까 하는 상황을 미래의 목표로 한다는 것에 굉장히 익숙하다. 그러한 점에서 지속가능이라는 표현을 우리가 일반적으로 쓰고 있다는 것이 매우 모순적이기도 하다.

2015년 9월에 유엔 지속가능발전목표(SDGs)가 설정된 후 12월에 파리기후협약도 타결이 되었다. 새로운 "신기후체제"가 시작된 것이다. 이 두 가지가 전 세계적으로 영향을 미치면서 큰 전환점이 되었다. 사실 이때까지는 무엇을 해야 한다고 말해도 어떤 결의나 정책과 실행들이 잘 나오지 않았다. 이러한 합의가 이루어진 것만 하여도 몇십 년이 걸린 것이다. 특히 이때는 오바마 대통령처럼 미국과 중국에 적극적인 지도자들이 있었기 때문에 가능했다. 하나님의 조화인지 다행히 이때는 트럼프 대통령이 아니었다. 그렇다면 2015년 이후 지금 상황이 많이 바뀌었는가. 유감스럽게도 그렇지 않다는 부정적인 견해들이 나오고 있다.

이제 어떻게 지구법학의 흐름이 지속가능발전목표와 연관되는지를 논의하려 한다. 지속가능발전목표는 총 17개가 있는데, 그중에 목표 12항이 지속가능한 소비와 생산 양식의 보장이다. 여기에서 자연과 조화를 이루어야 한다는 '자연과의 조화'(Harmony With Nature, HWN)란 표현이 나온다. 그런데 자연과의 조화는 2009년에 UN에서 프로그램으로 채택했고, 같은 해 UN은 매년 4월 22일을 세계 지구의 날(International Mother Earth Day)로 선포했다. 또 HWN 프로그램으로 쌍방향 대화(interactive dialog)를 해마다 해오다가 지속가능발전목표가 설정된 후 2016년 전 세계 33개국의 100여 명의 지구법학 전문가들과 경제, 과학, 교육, 철학, 법학 등 8개 영역의 지구법학에 관한 온라인 대화(Virtual Dialog)를 개최했다. 이후 지구법학은 HWN 프로그램에 원리를 제공하는 역할을 한다.

지구법학이라는 새로운 대안, 패러다임에 대한 운동, 자연의 권리 운동이 2001-2002년에 시작된 것이라면, 15년 만에 유엔의 어젠다로 채택이 된 것이다. 그래서 앞으로는 이 방향으로 계속 갈 수밖에 없다고 본다. 패러다임의 변화가 일어나기 시작했다. 처음에 바뀔 때는 사람들이 잘 느끼지 못한다. 하지만 지금 많은 생태 위기의식이 일반화되기 시작했으며, 많은 사람이 움직이기 시작했다.

그런데 이러한 움직임이 시작된 이래 지구는 좋아졌는가. 지금 지구의 상황이 어떠한지에 대하여 강조하고 싶다. 2015년 기후협약이 타결된 이후에도 이산화탄소 배출량이 계속 증가했고, 2018년 UNIPCC(기후 변화에 관한 정부 간 협의체)는 지금 속도로 진행되면 2050년까지 지구 평균 온도 상승폭 1.5도 제한이라는 파리협약의 목표치를 넘어설 우려가 있어서, 그때까지 이산화탄소 배출량을 제로(Net-Zero)로 달성해야 한다고 발표했다. 이는 단순히 기온이 올라가는 문제가 아니다. 기온이 올라가면 생태계 전체가 다 죽거나 적응이 어려워진다.

2018년부터 '기후위기'와 '비상사태'라는 표현이 일반화되고 있다. 사실 '개발'도 새로 아파트 지으면서 원래 살던 사람을 몰아내는 것이다. 자연에도 지금 그러한 문제가 기후변화로 인하여 일어나고 있다. 자연은 말을 못 하니까 이루 말할 수 없이 인간에게 철거를 당한 것이다. 기후변화로 북극이 녹아 해수면이 높아지기 시작했고,

2020년에 시작된 코로나도 기후변화와 관련 있다는 것이 과학자들의 일반적인 지적이다. 자연계의 생태 이주 현상이 코로나를 유발했다는 것이다.

북극이 너무 녹으면 심각해진다. 전문가 말에 따르면 단순히 '빙하가 녹는다, 해수면이 높아진다'가 아니라 빙하 밑에 쌓였던 매우 많은 바이러스와 물질들이 나온다는 것이다. 과연 지금 상황에 적응이 된 인류 혹은 생물들이 정말 감당할 수 있는지에 대한 의문이 있다. 당장에 눈앞에 보이지 않으니까 매일 우리는 즐겁게 먹고 살고 있는데, 사실 심각한 재난 문제가 도사리고 있다. 최근에 여러 가지 산불, 기후재해, 자연재해가 잦아진 것도 기후변화 탓이기 때문에 이 문제를 신학적 관점에서도 깊이 있게 들여다보고 공부할 필요가 있는 것 같다. 진짜 위기가 들이닥치면 사람들이 의지할 수 있는 생각과 말을 찾을 텐데, 그때 이 역할을 맡고 비전을 제시할 수 있는 것이 지금 너무 없다.

특별한 전환점이 없이 기후의 위기가 지금처럼 가속화되면 10년 뒤인 2030년이 위험할 수 있다. 2030년까지는 이산화탄소 배출량을 50% 감축해야만 한다. 파리협약 이후 각국이 이산화탄소 감축을 위한 법안을 제정하고 감축 계획을 내놓고 있다. 그린뉴딜 정책도 화석연료 에너지를 포기하고 에너지 전환을 하기 위한 대규모 경제정책이다. 우리나라도 2020년에 준비를 시작했다. 전문가 중에는 이미 어렵다고 보는 사람도 많다. 어려우면 어떻게 대처하고 어떻게 적응할지에 대해 많이 연구하고 공부할 필요가 있는 것 같다.

2018년 8월에 스웨덴 중학생, 그레타 툰베리는 기후변화로 인한 폭염을 겪으면서 금요일마다 학교에 가지 않고 기후변화 문제 해결을 위한 운동을 시작했다. 그게 번지고 번져서 현재 7,500개 도시에서 1,400만 여 명이 참여하는 대규모 기후저항 운동인 '미래를 위한 금요일'(Fridays For Future)로 발전하였다. 2018년에 새롭게 나타난 현상 중의 하나가 바로 청소년들이 기후변화 시위에 동참하기 시작한 것이다. 이들은 정치권과 기업에 비상사태를 선포하고 당장 조치를 취하라고 요청했다. 다른 하나는 멸종에 저항하는 운동 단체가 네트워크를 형성한 것이다. 현재 열다섯 국가에 400개가 넘는 그룹이 참여해서 시위했다. 2018년 4월 중순에 영국 런던을 중심으로 대멸종 반대 단체와 함께 툰베리와 기후변화의 비상사태를 주장하는 엄청난 규모의 시위가 2주가 넘게 열렸다. 결국 5월 1일에 영국 국회가 기후변화 비상사태 선포를 결의했다. 툰베리는 지금 이 시대의 이슈를 상징하는 새로운 세대의 리더가 되었다.

5. 창조 질서와 지구법학의 과제

나는 지구법학을 신학적으로 좀 더 이해하기 위하여 창조 질서를 언급하였다. 산업 문명이 있었으며, 2018년 이후 우리는 비상사태를 맞이한 것이다. 창세기를 들여다보면 창조 질서에서 "생육하고 번성하고 충만하라"는 표현이 나오는데, 인간한테만 이 말씀을 하시지 않는다. 먼저 다른 생물들을 축복하고 "사람 너도 잘 해봐"라고 했다. 그런데 우리한테 하나님이 축복하고 번성하라고 북돋아 준 생물들을 마음대로 학살할 권리가 있는가? 즉 인간만이 권리가 있는 게 아니라 이 친구들도 권리가 있다.

이 자연의 권리를 인정하지 않고는, 환경운동, 환경법만 갖고는 자연의 회복이 어렵다는 성찰도 있다. "왜 여기까지 왔을까?", "이것이 꼭 나쁜 것일까?", "인간의 욕망에 맞는 건가?"의 문제와, "과학기술의 발달과 생태 위기의 문제를 어떻게 접목해야 하는가?"의 답을 찾는 것은 항상 깊은 고민을 동반한다. 특히 기독교에서 "다스리고 정복하라"는 하나님 말씀이 인간들로 하여금 자연을 마구 다루게 했다는 비판이 있다.

개인적으로 성경이 인간에게 "정복하라", "다스리라"고 한 것이 생태 위기의 원인이 되었다는 지적과 비판에는 그다지 동의가 되지는 않는다. 예컨대 다스리라고 하면 인간이 지도자이고 다른 생물들이 국민인데, 국민이 없으면 다스릴 수가 있을까? 지배자와 정복자는 대상이 있어야 한다. 그런데 다 까먹고 죽여 없애고 대멸종에서 인간만 남는다면 그것이 다스림인가? 그리고 하나님이 과연 인간만 남은 세상, 자연이 다 사라지고 인간이 이 지구에 가득하길 원했을까? 우주까지 날아가 실험해서 우주 쓰레기가 쌓여 계속 뱅뱅 돌고 있다는데, 하나님이 이걸 원했을까.

특히 토마스 베리는 흑사병 이후에 유럽 중심의 기독교 세계, 특히 기독교 신앙을 지닌 기독교 문명의 선진국들이 기후변화를 초래했기 때문에 이 질문을 한다. 흑사병 이후에 자연에 대한 공포 때문에 세속의 과학을 통해 자연을 극복하려는 노력을 해왔다. 그러다 보니 "자연은 그냥 대상이야. 우리가 마음대로 부려도 돼" 하는 데까지 갔다고 본다. 한편으로 기독교는 너무 개인 구원으로 갔다. 흑사병 이후에 자연이 두렵고, 생존이 어려웠기에 개인 구원으로 너무 지나치게 갔다는 비판을 받는다. 이런 산업 문명에서 에너지와 과학기술을 다루는 인간의 창조력이 결합된 이 멋진 시대에 왜 이런 심각한 문제를 일으키게 됐는가에 대해 근본적인 고민이 있어야 한다.

성경의 에덴동산은 하나님이 창조한 사람과 온갖 짐승과 새와 나무 등 모든 생물이 함께 사는 곳(창 2:19)이다. 지구공동체도 이와 유사하다. 인간 구원이 에덴동산으로의 회복을 말하는 것이라면, 이는 현재의 인간중심의 세계를 넘어 인간과 모든 자연 존재가 함께 동등한 지위로 참여하고 공존하는 지구 중심적 지구공동체의 비전과 다르지 않다. 에덴동산에서 사람은 "그곳을 일구고 돌보는"(창 2:15) 존재이며, 피조물들은 인간 협력자의 지위를 갖는다(창 2:18). 특히 "주 하나님께서는 흙으로 들의 온갖 짐승과 하늘의 새를 빚으신 다음, 사람에게 데려가시어 그가 그것들을 무엇이라 부르는지 보셨다. 사람이 생물 하나하나를 부르는 그대로 그 이름이 되었다."(창 2:19)는 구절은 인간과 다른 피조물(자연)의 관계가 구체적, 개별적인 인격적 관계임을 나타내고 있다. 이렇게 해서 사람과 자연은 상호 인격적 관계로서 친교를 이룬다. 지구공동체에서도 인간과 자연은 주체 간의 친교를 이루는 법 인격적 관계이다.

지구공동체의 지구 중심 사고는 존재를 '분화', '주체(자기조직성)', '친교'의 세 가지 원리로 설명한다. 이것은 존재의 세 가지 측면을 가리키는 것으로 그 본성은 모두 연결되어 있고 하나의 같은 속성을 나눠 갖는다. 우주와 지구, 지구공동체는 단 하나인 통일성(A single unity)이 강조된다. 이 점에서 지구법이 전제하는 존재의 세 가지 원리는 사실 그리스도교 교리인 삼위일체와 구조(성부-분화/성자-자기조직, 개별자/성령-친교)를 같이한다고 생각해볼 수 있다.

창세기에서는 인간이 다른 피조물(자연)과의 관계에서 일구고 돌보는 이로서 역할을 갖지만, 이러한 역할은 신약에 와서는 피조물과의 관계보다 영성적 차원인 하나님과의 관계에서 강조된다. 고린도전서 4장 1-2절은 인간을 "하나님의 신비를 맡은 관리인"이라고 한다. 신약에서 관리인으로서의 인간의 역할은 지키는 것이 강조된 청지기/집사(Steward)로 해석된다. 하나님의 신비가 무엇인가에 관하여는 "지혜와 지식의 모든 보물이 숨겨져 있는 그리스도를 아는 지식"(골 2:3), "하느님의 지혜"(고전 2:7)라는 구절로 이해해볼 수 있을 것 같다. 이 지혜는 세상이 시작되기 전에 미리 정해둔 것이며(고전 2:7), 하나님의 신비는 창조 이전(세상이 시작되기 전)에 있었던 지혜로 소급(잠 8:22-31, 고전 2:7)된다. 지혜는 하나님이 창조를 하시기 전에 처음 지은 것으로서 창조의 과정에 함께했으며, 하느님 곁에 장인으로(As artisan, 잠 8:30) 있었다.

신약에 와서 인간의 관리자 역할이 자연을 돌보는 것에서 하나님의 신비를 지키는 것으로 강조되는 이유는, 하나님과 인간의 관계가 타락으로 훼손됐고, 이런 인간의 죄로 인하여 지구도 저주를 받았으며(창 3:17), 피조물은 이미 멸망의 종살이(롬 8:21)에 빠져서, 이 상황을 해결하기 위해서는 창조의 원상태-지혜가 요청되기 때문이라고 해석해볼 수 있다. 인간이 하나님과의 관계를 회복하는 것이 지금의 상황을 변화시킬 수 있는 최우선적 과제가 되었다. 피조물을 통하여 알아볼 수 있는 하나님의 보이지 않는 본성 곧 영원한 힘과 신성(롬 1:20)

을 일아볼 수 없게 되었고, 인간은 피조물을 파괴하고 변형시켰다. 인간 문명은 하느님의 지혜에 반하는 질서를 본질로 하며, 하나님의 지혜는 인간에게 어리석음이고, 세상의 지혜는 하느님에게 어리석음이다(고전 1:25; 3:19).

신약을 통해 말씀하시는 그리스도의 가르침은 문명의 근본을 지탱해온 가치관이 하나님 창조의 지혜에 반하는 것에 불과하다는 것을 너무나 분명하게 지적한다. 이것은 그리스도교가 인간중심적 법질서의 보편적 정립 시기였던 로마제국 시대에 발원했다는 역사적 사실에 비추어 보아도 매우 의미심장하다. 문명의 핵심을 지탱해온 인간의 권력과, 선물(Gift)에 반하는 환전의 경제 질서, 지나친 인간중심적 가치관이 바로 하나님이 보시기에 인간의 어리석음이다. 국민에게 권력을 환원하는 민주주의도 이 점에서 보면 인간 권력을 누그러뜨리는 것에 불과하다.

토마스 베리는 인간중심의 민주주의를 비판하며 바이오크라시(Biocracy)로 나아가야 한다고 주장한다. 문명의 가치관이 전복되어야만 하나님과 인간의 관계, 인간과 자연의 관계가 회복될 것인데, 여기에는 성령의 도움이 있어야 한다(고전 2:10). 그래서 현재의 인간사회의 문제를 해결하기 위해서는 영성적 접근이 필요하고, 성경의 해석상 인간사회 문제와 자연환경 문제는 불가분 결합되어 있기 때문에 통합 생태론이 요구된다. 인간의 죄는 에덴동산에서 자연에 대한 관리자 역할을 위반한 것에서 비롯된 것이고, 하나님의 신비-창조의 지혜를 지켜내야 하는 것이 그리스도인의 역할이라고 보면, 오늘날 그리스도 영성은 본질에서 생태 영성과 생태적 회개의 문제가 된다고 생각된다.

지구법학은 인간중심을 지구중심으로 돌리고 자연의 권리를 인정함으로써, 인간 문명의 근본 가치관을 전복하고자 하는 아주 급진적인 변혁이론이라 할 만하다. 권리 주체를 확장해서 세계관을 주체로부터 바꿔내고자 하는 시도이다. 자연의 권리를 인정할 때 후견인, 관리자로서의 인간의 역할에 대해서도 "무릇 관리인에게 요구되는 바는 그가 성실한 사람으로 드러나는 것입니다"라는 성경 구절(고전 4:1-2)에서 시사점을 얻을 수 있다. 자연의 권리 행사를 위하여 관리자로서 인간의 역할을 잘 정립하는 방안을 들여오면, 새로운 거버넌스의 창안 가능성이 충분히 열려 있다.

7

포스트휴머니즘과 해방의 정치

〈사이보그라도 괜찮아〉를 중심으로

김진호
(전 당대비평 편집주간)

포스트휴먼 논의와 관련하여 민중신학의 관심은 그러한 논의가 함축하고 있는 '변화된 사회'에서 누가, 어떻게 배제되고 있는가, 그리고 그 배제의 질서에서 해방의 신학적 상상력을 어떻게 펼 것인가에 있다. 1970~80년대 유럽과 북미의 담론시장을 뒤흔들었던 포스트모던 담론에 한국이 휩쓸리게 된 것은 1990년대였다. 그 무렵 유럽과 북미에선 포스트모던의 담론 장악력이 시들해지고 신상품으로 '포스트휴먼'의 물결이 거세지기 시작했다. 이 지식의 신상품이 한국에선 2천 년대 들어와서 학계의 비상한 관심을 끌었던 듯하고, 그 무렵 윌리엄 깁슨(William Ford Gibson)의 이른바 사이버펑크 소설 『뉴로맨서』(*Neuromancer*)가 한국어로 번역(2005)되면서 대중의 관심도 급증했던 것이 기억된다. 한국의 '포스트휴먼'류의 소설들이 다수 등장한 것도 이 무렵이었다.[1] 또 포스트휴먼적 문제제기를 담은 할리우드 SF 영화들인 〈토탈 리콜〉(1990, 이하 한국 개봉 기준) 〈터미네이터 2〉(1991) 〈블레이드

러너〉(1993) 〈가타카〉(1997) 〈매트릭스〉(1999) 등이 1990년대에 한국에서 크게 성공을 거두었고, 비디오 시장에서 마니아 집단의 열광적인 반향을 일으켰던 일본 애니메이션 영화 〈공각기동대〉도 그 무렵 널리 회자되었다.

이런 논문들과 영화들, 소설들 중 다수를 이미 그때부터 꽤 관심 있게 보아 왔음에도, 나의 둔감함에 스스로 놀란 것은, '포스트휴먼과 종교 포럼'으로부터 거절할 수 없는 발제를 요청받은 이후 부랴부랴 포스트휴먼에 관한 기사 몇 편과 논문 두어 편을 읽은 뒤에야, 이 1990년대의 파편적 기억들을 비로소 떠올릴 수 있었기 때문이다. 이 문제에 대해 내가 무지한 건 맞지만 무관심하지는 않았던 것이다.

급하게 발제 글을 써야 하는데 그나마 집중해서 공부할 시간은 별로 없고 1990년대 이후 20년 가까이 이 분야 지식의 업데이트는 절대적으로 부족한 터라, 꼼수를 부리기로 했다. 1990년대 기억의 편린들을 되새기며 준비하되, 특히 영화 한 편에 기대어서 생각을 펼치는 것이다. 2006년에 개봉되었던 박찬욱의 영화 〈사이보그라도 괜찮아〉가 그것이다. 실은 이 영화를 보았을 때 글 하나를 쓰고 싶었고, 그 주제가 요즘의 표현으로 하면 '포스트휴먼과 민중신학'쯤으로 정리할 수 있는 것이었다. 1990년대 말경 나를 열광시켰던 〈공각기동대〉도 비슷한 주제로 나를 책동시켰던 것이어서, 〈사이보그라도 괜찮아〉와 함께 이 영화도 이번에 다시 보았지만 둘을 함께 다루려면 좀 더 시간과 지면이 필요할 듯하여 〈공각기동대〉에 관해서는 기약 없는 훗날로 미루기로 했다.

귀동냥하며 들은 포스트휴먼에 관한 얘기 중 내게 부정적인 기억을 자극한 것은 최근 유명세를 다고 있는 책 『포스트휴먼』의 저자 로지 브라이도티(Rosi Braidotti)의 견해다. 기술결정론적 낙관주의에 빠지지는 말되(트랜스휴머니즘), 과학기술의 발전이 가져다주는 일종의 '제도적 성찰'의 기회를 적극적으로 받아들여 인간중심주의를 넘어서는 '포스트휴먼' 담론의 필요성을 강변하는 것이다. 귀동냥한 것으로 이렇게 무책임한 인상비평을 남발하는 것이 심히 무리한 것이기는 하지만, 진정 그렇기를 기대하지만, 만약 나의 지적이 어느 정도 타당하다면, 오래전 읽으면서 비슷한 문제의식에 빠졌던 다나 해러웨이(Donna J. Haraway)의 에세이 「사이보그 선언」(A Cyborg Manifesto: Science, Technology, and Socialist-Feminism in the Late Twentieth Century)[2]을 떠올린 것도 일정한 타당성을 가질 것이다. 해러웨이의 에세이가 발표된 지 십여 년이 지나 저술된 캐서린 헤일스(Katherine Hayles)의 『우리는 어떻게 포스트휴먼이 되었는가』(1999)[3]도 이 점에서 같은 계보에 있다고 할 수 있다. 이들은 공히 기술문명시대의 타자성의 표상인 '사이보그'가 실은 우리들 자신임을 주장한다. 그것은 우리가 곧 타자이기도 하며,[4] 그런 점에서 '사이보그'라는 존재해석은 주체와 타자 사이의 간극을 해체시키는 효과가 있다고 본다.

그런데 이런 멋진 해석은 '사이보그'의 타자 체험을 낭만화하고 있다는 의혹에서 자유로울 수 없다. 다나 해러웨이의 「사이보그 선언」이 나온 뒤 몇몇 미술작가들은 자신의 몸에 사이보그-퀴어를 체현하는 퍼포먼스를 벌였다. 프랑스의 미술작가 올랑(Orlan)이 1990년부터 십여 년간 자신의 얼굴에 9번의 성형수술을 하여 온라인으로 생중계하는 '성 올랑의 재탄생'(Reincarnation of Saint Orlan)이라는 이름의 퍼포먼스는 과학기술을 통해 미인으로 만들어지는 사이보그화 과정의 피로 얼룩진 기괴한 수술 장면에서 아름다움과 흉물스러움, 행복함과 고통스러움의 이분법적 경계를 해체하는 작가주의적 메시지를 전 세계에 타전했다. 특히 7번째 수술에서는 이마 좌우에 염소 뿔과 같은 혹을 만듦으로써 백인여성이라는 자신의 휴머니티를 해체하고, 인간이자 염소인 포스트휴머니티를 구현해냈다.[5]

이 충격적인 퍼포먼스의 기괴한 영상을 본 수많은 이들은 올랑에게 엄청난 비난을 퍼부었다. 그것은 그녀의 사이보그성이 퀴어적 기괴함으로 읽혀졌음을 보여준다. 한편 그녀의 사이보그-퀴어 체현의 메시지에 열광적으로 동조하는 현상 또한 만만치 않았다. 하여 그녀의 수술집도의들의 유니폼으로 세계적인 패션디자이너들의 협찬이 줄을 이었고, 피 묻은 수술도구와 거즈 등이 값비싼 예술작품으로 팔리는 현상을 야기시켰다. 수많은 비평가들의 찬사와 함께.[6]

그런데 올랑의 충격적인 성형 퍼포먼스는, 그러한 언캐니(uncanny) 이미지까지 상품화하는 소비사회의 문화논리에 포획된 듯이 보인다. 소비사회의 외모 집착증에 대한 올랑의 언캐니 미학에는 근대 휴먼적 편견이 해체되고 포스트휴먼적인 새로운 주체의 등장을 선언하는 아포리즘이 넘쳐나지만, 그러한 아포리즘을 소비하는 소비사회의 수많은 대중은, 성형하는 이들의 서사, 그이들이 겪고 있는 폭력적 체험에 대해 관심을 갖지 않는다. 또 성형 퍼포먼스를 비난하든 동조하든, 대개의 사람들은 성형에 얽힌 이들의 이야기에는 무관심하고 작가의 퍼포먼스만을 주목한다. 요컨대 여기에는 자신이 사이보그적 타자가 되는 것을 감수하면서까지 성형수술을 하지 않을 수 없었던 이들의 고통은 낭만화되어 있는 것이다. 비판적 아포리즘을 소비하되 그것이 사회적 질서의 해체를 향한 행동으로 이어지지 않는 것이다. 서동진은 이러한 포스트모던적 몸의 미학을, 저항적이지도 전복적이지도 않은, 후기자본주의적 자기재생산의 논리에 다름 아니라고 신랄하게 비판한다.[7]

바로 이 점에서 〈사이보그지만 괜찮아〉는 해러웨이, 헤일스, 브라이도티, 그리고 올랑의 것과는 대조되는 텍스트다. 이 영화에서 자신이 사이보그라고 생각하는 영군(임수정이 연기함)은 정신병원에 있다. 이곳은 온갖 기괴한 타자들의 집합소다. 그녀는 사이보그이기 때문에 밥을 먹지 않으려 하고 대신 사이보그가 에너지를 충전시키는 방식인 건전지를 입으로 빨거나 손가락에 접속시키곤 한다. 그녀는 사이코시스(psychosis)인 동시에 거식증 환자인 것이다.

한데 이 영화는 도처에서 그 이면에 숨겨진 내러티브를 연상시키는 암시들을 던져주고 있다. 그것을 종합하면 이렇다.[8] 영군은 라디오공장의 노동자였다. 공장의 노동 과정은 세분화된 조립공정 속에 노동자를 그 부속기계의 일부로 환원시킨다. 하여 영군은 공장에서 이미 사이보그였다. 하지만 영군의 이야기는 '공장노동자-사이보그' 스토리로 환원되지 않는다.

영군은 집에서 할머니와 유난히 친밀하다. 그런데 할머니는 자신을 쥐와 동일시한다. 쥐라는 존재는 집안에서 가장 대표적인 퀴어적 타자다. 할머니는 그런 쥐들에게 먹을 것을 주고, 당신도 쥐처럼 무를 갉아 먹는다. 한데 노인의 허약한 이로는 그것을 할 수 없다. 하여 할머니는 무를 갉아 먹을 때 틀니를 끼워야 한다.

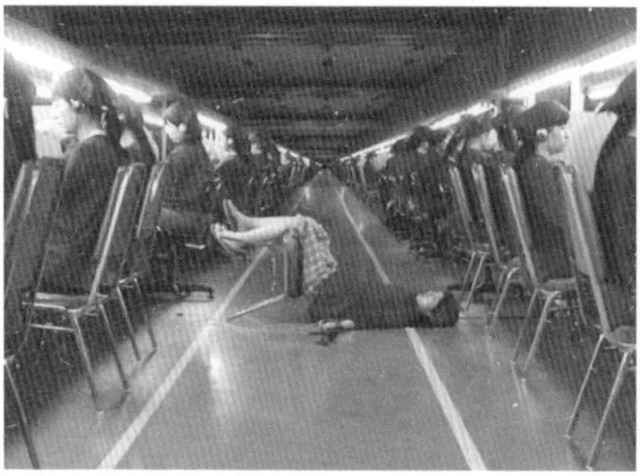

〔사진〕 영군은 노동자를 부속품으로, 사이보그로 만드는 공장의 폭력성에 존재가 내파된다.

〔사진〕 영군의 할머니는 쥐와 자신을 동일시하여 쥐에게 무를 먹이로 주고, 당신도 무를 갉아 드신다.

할머니가 쥐와 당신 자신을 동일시하는 것에서 우리는 쥐처럼 철저히 타자화되었던 혹독한 시집살이를 연상할 수 있다. 그것을 시사하는 암시적 설정이 '칠거지악'이라는 표현이다. 영군은 사이보그인 자신의 금기사항으로 스스로 정한 7가지 항목들[9]을 '사이보그 칠거지악'이라고 말하고 있다. 말할 것도 없이 여성을 규율하는 장치인 유교적 칠거지악의 패러디다.

그런데 그런 할머니를 엄마와 이모들은 이해하지 못한다. 집안은 '할머니-영군'과 '엄마-이모'로 양분되어 있는데, 후자는 경제적 권력을 쥐고 있는 세력이고 전자는 그들에게 예속된 세력이다. 지배세력의 표상인 엄마와 이모는 '하얀맨들'(정신병원 의사와 간호사들)을 불러서 할머니를 강제로 정신병원에 입원시킨다. 할머니는 틀니를 끼지도 못한 채 끌려갔다. 하여 할머니는 밥을 먹을 수 없다. 영군은 자전거로 사력을 다해 쫓아가지만 따라잡지 못했다. 해서 영군이 할머니의 틀니를 보관하게 되었다. 영군이 틀니를 갖고 있는 것과 그녀가 거식증에 걸린 것은 동선의 양면이다.

할머니가 쥐와 자신을 동일시한 정신병자였다면 영군은 사이보그와 자신을 동일시한다. 쥐와 사이보그는 할머니와 영군이 자신들을 '타자화'하는 기호라는 점에서 공통된다. 하지만 왜 쥐이고 사이보그인지는 그들 각자가 타자화되는 다른 체험의 산물이다. 아무튼 영군은 사이보그가 되었고 거식증상을 보인다. 그것은 그녀의 공장 체험과 가족 체험의 폭력성이 중첩된 결과다. 과학의 발전에 기반을 둔 자본주의적 질서와 혈연적 친밀성에 기반을 둔 가부장적 질서가 내포한 폭력성은 그 구성원들에게 때로 이렇게 치명적이다.

민중신학은 포스트휴먼 시대에 타자화된 민중이 누구인지, 그들이 어떻게 배제되고 있는지를 주목한다. '사랑'이니 '환대'니 하는 아포리즘이 흘러넘치는 후기근대사회에서 민중신학이 주목한 것은 바로 그 아포리즘으로 인해 낭만화되고 은폐된 '고통'이다. 과거 권위주의적 산업화 시대를 표상했던 격리와 감금의 체제는 노골적인 폭력들로 물든 고통이 넘실댔다. 한데 후기근대사회에서는 우리 주위 도처에 고통이 산재해 있음에도 우리는 고통받는 이들의 현실을 '아무도 모른다.'[10] 이때 이 모름의 체계를 '부드러운 야만'(la barbarie douce)[11]이라고 하고, 그것은 '사랑'이니 '환대' 같은 아름다운 말들과 함께 작동한다. 한편 이런 아름다운 말들 외에도 또 다른 것이 있다. 근대적 이분법의 해체 등과 같은 포스트휴먼적 아포리즘도 부드러운 야만의 양식으로 작동될 수 있다.[12]

그렇다면 포스트휴먼 시대의 배제에 대한 민중신학적 해방의 상상력은 무엇인가? 다시 영화 〈사이보그지만 괜찮아〉를 살펴보자. 여기서 비(정지훈)가 연기한 '일순'이라는 정신질환자가 주목된다. 영화에서 그를 표상하는 용어는 '훔치심'이다. 그는 엄마가 떠났다는 상실감 때문에, 자신이 그 속에서 오그라들어 소멸될지 모른다는 착란에 빠진 이다. 하여 그는 그 '비워버린' 자신을 채우기 위해 남의 속성을 훔쳐 전유한다. 타인의 것을 훔쳐 그것을 그이보다 넘쳐나게 자기화한 후 그에게 돌려주는 것이다. 그것을 훔침으로 표현하고 있는 것은 그의 이런 행동이 반사회적인 것임을 표상하고 있지만, 달리 이야기하면 그의 몸은 들뢰즈와 가타리의 '기관 없는 신체'(Corps sans Organe)를 구현하고 있는 것이기도 하다. 사람의 신체에 유기체성을 부여하는 코드가, 정신병자인 일순에게는 해체되어 그의 몸은 그러한 유기체성에서 해방된 것이다. 남의 특성을 훔쳐 그것으로 자기를 채우는 순간 그는 '그 타자로 되는 것이다.'(becoming the other)

그런데 일순의 '타자 되기'는, 들뢰즈를 열호했던 한국의 많은 수용자와는 달리, 멋진 개념으로만 실재하는 아포리즘이 아니다. 그것은 영군과의 관계에서 여실히 나타난다. 일순은 영군이 가지고 있는 할머니의 틀니를 훔쳐 '할머니 되기'를 한 후 영군에게 돌려준다. 그런데 그 훔침과 돌려줌에서 그는 할머니의 틀니가 영군의 거식증과 겹쳐 있음을 직감한다. 자신이 비워져 있기에 타인의 것을 전유하는 순간 놀라운 교감이 일어나는 것이다. 이러한 교감은 그가 자본주의적 근대의 질서 코드가 잘 작동되지 않는 비어 있는 주체이기에 가능한 것이다.

하여 영군과 할머니의 교감적 연대처럼 영군과 일순 사이에도 교감적 연대가 일어난다. 그러나 영군-할머니의 연대가 배제 체험의

〔사진〕 일순은 영순의 몸에 밥을 전기에너지로 변환시키는 장치를 장착하는 제의를 수행한다.

연대라면, 영군-일순의 연대는 그러한 질서에서 이탈하는 해방의 연대라는 점에서 차이가 있다. 즉 영군과 할머니(틀니) 사이에 일순이 끼어드는 순간 배제를 작동시켰던 자본주의적이고 가부장적인 배제의 메커니즘이 교란을 일으킴으로써, 해방의 연대가 작동하게 되는 것이다. 마치 차이가 공유되는 순간 서로를 승화시키는 연대가 발생하고 그 연대는 차이를 억압하지 않는, 아이리스 영의 '무지개 연합' 같은, 해방의 연대가 영군과 일순 사이에서 일어난 것이다.[13]

그것은 거식증의 해소로 나타난다. 일순은 영군에게 음식을 전기에너지로 전환시키는 장치를 장착하는 포스트휴먼적 제의를 통하여 영군이 밥을 먹게 한 것이다. 이 영화의 제목 '사이보그지만 괜찮아'라는 수수께끼는 영군에게 밥을 먹게 하는 과정에서 일순의 말로 그 비의가 드러난다. '사이보그지만 밥 먹어도 괜찮아'다. 이것은 일종의 구원을 선포하는 예배 언어처럼 영화 속에 배치되어 있다. 그런 점에서 영군과 일순의 교감과 해방의 과정은 포스트휴먼적 민중신학의 종교적 예전의 서사로 구성된다.

그런데 그것으로 충분한가. 예배는 일상이 아니다. 예배는 삶을 퍼포먼스로 보여주는 예외적 체험의 서사다. 그러므로 예배는 일상의 실천으로 구체화되어야 삶이 된다. 그런데 배제로부터의 해방 체험은 가해자에 대한 복수를 수반한다. 문제는 그것이 호락호락하지 않다는 데 있다. 여기에 종말론이 끼어든다. 현실에서 성공하지 못하는 좌절된 해방은 모든 시간을 중단시키고 모든 합리성이 제거된 공간이 작동하는 순간의 도래를 통해야만 실현될 수 있다. 종말론이 증언하는 것이 바로 그것이다.

다시 〈사이보그지만 괜찮아〉로 돌아가 보자. 영군이 일순과 교감의 공동체를 형성하게 되면서 그녀는 거식증에서 해방된다. 하여 이 공동체의 해방의 기억에는 틀니가 제거된 할머니, 먹지 못하는 할머니의 고통이 상징적으로 해소된다.

그런데 많은 비평가들은 이 영화가 망상 속에 눌러앉아버린 해방의 공허함에 그치고 있다고 비판한다.[14] 실제로 기독교를 포함한 숱한 종교들의 의례는 일상으로 돌아오지 못하는 '아편 같은 종교성'의 한계를 드러내왔다. 하지만 〈사이보그지만 괜찮아〉의 영군과 일순은 예배 의례의 망상적 체험에서 그치지 않는다. 영군은 자신과 할머니에게 깊은 고통을 유발시켰던 공장과 가정의 자본주의적이고 가부장제적인 폭력의 질서에 대한 복수를 기획한다.[15] 일순과 '핵폭발 프로젝트'를 도모한 것이다. 병원의 이동식 링거대에 연결한 라디오안테나로 번개를 받아 10억 볼트의 전기를 만들어 핵폭발을 도모한 것이다. 사제복처럼 보이기도 하고 투구로 보이기도 하는, 해드라이터를

〔사진〕 영군과 일순은 비와 벼락이 치는 밤, 10만 볼트의 전기를 받아 핵폭발을 일으키는 최후의 순간을 기다린다.

장착한 우비(雨備)를 입고 십자가처럼 보이기도 하고 로마 군대의 깃발꽂이 같기도 한 안테나를 쥐고 번개를 기다리는 장면은 마치 최후의 메시아 도래를 예배하는 사제 같기도 혹은 최후의 전투를 대비하는 템플기사단 같기도 한 비장한 모습이다. 하지만 감독 박찬욱은 인터뷰에서 그 장면을 '소꿉장난'처럼 묘사했다고 말했다.[16] 천진난만한 허황된 불장난 같은 것이다.

사실 민중의 복수극은 대개 그렇다. 세계의 질서를 관장하는 중심에서 시스템을 운영하고 해석하며 서사화하는 이들은 민중의 기획을 늘 '허황된', 현실 가능성이 거의 없는 것으로 본다. 그리고 실제로 민중의 복수 기획은 대부분 성공하기엔 턱도 없다. 영군과 일순도 핵폭발을 도모하지만 이 기획이 성공할 리 없다. 그런 점에서 은유로 가득한 이 영화는 잔인하리만큼 리얼하다.

프랑스 좌파철학자 자크 랑시에르는 엘리트가 권력을 독점하는 '아르케의 정치'(politics of *arche*)를 대체하는 '데모스의 정치'(politics of *demos*)를 제시했다. 하여 그의 '데모스의 정치'론은 합리주의에 기초한 '정치철학'이다. 하지만 민중신학자 안병무는 합리적 상상력으로는 거의 실현 불가능한 '오클로스의 정치'(politics of *ochlos*)를 꿈꾼다. 그래서 그의 정치학은 종말론을 필요로 한다. 즉 안병무의 '오클로스 정치'론은 종말론적 '정치신학'인 것이다. 영화 〈사이보그지만 괜찮아〉 속의 정신병자들의 소꿉장난 같은 복수처럼, 오클로스는 여전히 세계를 변혁할 자원도 계산능력도 갖추지 못했다. 심지어 그 세계의 질서 속에서 몸과 마음이 중병에 걸려 있다. 그리고 그러한 병은 그의 언어를 앗아가곤 했다. 민중은 병에 걸려 있고, 그 병은 사회적인 해석체계 속에서 작동된다. 하여 민중은 자기의 언어로 그 질병을, 질병의 고통을 말할 수 없는 것이다. 가야트리 스피박의 "서발턴은 말할 수 없다"는 명제가 안병무에게선 '민중의 실어증'으로 표상되었고 서남동은 '민중의 한(恨)'이라고 말했다. 실어증이라고 하든 한이라고 하든, 오클로스 민중의 왜곡된 체험이 현재의 표상체계로 재현되는 것은 극도로 어렵다. 하여 안병무의 오클로스 정치의 꿈은 현실에선 거의 불가능하다.

바로 〈사이보그지만 괜찮아〉의 영군과 일순의 복수 기획도 그렇다. 하지만 그들은 그 실패의 순간에 완전 나체로 하나가 되어 연대한다. 어떠한 매개도 없는 결합이다. '5.18' 연구자인 최정운은 1980년 5월 21일부터 27일까지의 '빛나는 8일'을 모든 차이가 해소된 평등의 해방공동체라는 의미에서 '절대공동체'라고 불렀다.[17] 영군과 일순의 나체 상태의 결합은 그러한 절대공동체를 연상케 하는 장면이다. 바울은 그런 차이가 해체되는 비전의 공동체를 '에클레시아'라고 불렀다. 그 순간 하늘엔 무지개가 펼쳐진다. 세계는 완전충전 상태가 된 것이다. 상징적 사건이 기적처럼 그들을 감싼다. 이렇게 그들은 공동체로서 종말을 선취한다. 즉 민중신학의 오클로스적인 종말론적 해방의 정치는 결코 현실 세계에선 그 절대적 해방을 구현하지는 못하지만 그 잠재태를 선취함으로써 현실에서 해방을 맛보며 실천하는 동력을 담아낸다. 민중신학이 포스트휴먼 세계에 개입하는 해방의 정치는 바로 이런 신학운동을 통해 드러난다.

8

포스트휴먼과 고통의 해석학

이상철
(크리스찬아카데미 원장, 기독교윤리)

1. 프롤로그

'포스트휴먼'에 관한 논의에 있어 문외한인 제가 '포스트휴먼'에 대해 말하려고 하니 참 난감합니다. 나노기술, 인공지능, 생명공학, 사이보그 공학, 로봇 등으로 대변되는 과학기술의 발전이 '호모사피엔스'를 대체하여 '호모 데우스'로의 승화를 가능하게 할 것이라는 묵시론적 전망과, 그날이 오면 고통과 아픔과 절망이 없는 세상이 될 것이라는 유토피아적 서사가 '포스트휴먼'을 둘러싼 인문적, 혹은 신학적 논의의 출발점이 될 것이라는 사실은 그리 어렵지 않게 예측할 수 있겠지만, 그 논의의 폭과 깊이, 출발점과 종점은 저로서는 아직까지 가늠이 안 됩니다.

위에서 언급한 포스트휴먼을 둘러싼 온갖 종류의 테크놀로지들은 현재보다는 미래에 방점이 찍혀 있는 기술입니다. '로봇태권 V'와 '마징가 Z'는 필자가 초등학교 다니던 40년 전부터 알아왔던 로봇의 대명사였습니다. 로봇태권 V가 등장한 지 40년이 지났건만 아직까지 로봇은 현재보다는 미래에 존재합니다. 어떤 기술이 미래시제로 존재한다는 말은 그 기술의 현재 맥락과 층위보다는 앞으로 그것으로 인해 펼쳐질 신기루에 대한 전망과 기대에 방점이 있다는 뜻입니다. 그렇다면 그 로봇은 누구를 위한 로봇일까요? 이는 로봇 분야에 종사하는 과학자, 사업가, 정책입안자들을 위한 로봇 아닙니까. 로봇에 관심을 갖고 그 개발에 대한 이슈를 계속 유지시키면서 막대한 이익을 챙기는 사람들 말입니다. 『고도를 기다리며』에서 고도를 기다리던 사람들이 고도가 언제 오느냐고 묻지만 그들에게 들려왔던 대답은 '이제 곧 온다'는 공허한 메아리뿐이었습니다. 마찬가지로 포스트휴먼에 대해 사회적 의미를 묻고 미래적 성격을 묻는 비평가들에게 들려오는 말은 '그 문제는 앞으로의 진화될 기술이 해결해줄 것이다'라는 답입니다. 이는 포스트휴먼 논의의 현재화를 어렵게 만드는 요인이라는 느낌을 지울 수 없습니다.

역사에서 현재시제가 아닌 미래에 방점을 찍고 앞만 보고 그것을 향해 달려갔던 사람들이 지녔던 공통점은 지금 이 땅에서 벌어지고 있는 아픔과 고통에 대한 무관심과 외면이 아니었던가요. 하여 저는 이 글에서 포스트휴먼 시대의 고통에 대한 이야기를 하려고 합니다. 세부적으로 말하면 고통과 기억에 대한 민중신학적 해석학이라 할 수 있고, 그것은 민중신학의 전개 과정에서 가장 논란이 되었던 민중메시아와 관련된 부분이기도 합니다. 고통을 바라보고 기억(념)했던, 고통과 맞서왔던 민중 메시아를 둘러싼 서사가 포스트휴먼 시대를 맞아 예상되는 고통에 대한 이해의 한 꼭지가 될 수 있다면 그것으로 이 글은 소기의 목적을 달성한 셈입니다.

2. 포스트휴먼을 둘러싸고 떠도는 소문들, 그리고 우려들

개체발생은 계통발생을 반복한다고 하지요. 이 문장은 생물의 탄생과 진화의 원리를 설명하는 말이겠지만, 이를 포스트휴먼에 대한 인문학적인 시각으로 바라보면 다음과 같은 번안이 가능할 것입니다. 불의 발견으로 대변되는 역사 이전 시대, 제1의 물결인 청동기 혁명과 농업혁명, 긴 암흑의 터널을 지난 후 전개되는 제2혁명인 산업혁명 시대, 그리고 앨빈 토플러가 말했던 제3의 물결인 정보화 시대로 이어지는 계통발생 과정을 알고 있는 우리는 포스트휴먼이라는 개체발생을 인류 문명의 진화라는 계통발생의 틀 안에서 바라볼 수 있습니다.

어쩌면 포스트휴먼 논의는 문명의 발전과 그것에 반응하며 진보해왔던 인간 현상을 바라보는 익숙하고도 관습적인 문법, 혹은 은유가 아닐는지요. 그렇다면 지금 활발히 진행되는 포스트휴먼을 둘러싼 담론은 생각보다는 대수롭지 않은 유행일 수 있습니다. 하지만 그렇게 예단하기에는 상황이 그리 호락호락해 보이지는 않습니다. 인류가 불을 발견했던 그 시절부터, 노동의 도구와 살육하는 무기를 첨단의 것으로 대체하며 정복과 약탈에 재미를 붙여가던 그때부터, 어쩌면 인류는 최종 종착지인 '포스트휴먼'을 향한 브레이크를 상실한 기관차였는지도 모른다는 불길한 예감이 스멀스멀 올라오는 이유는 왜

일까요.

그럼에도 불구하고 비판적 개입을 할 수 없는 이유는 기술의 진보는 생명의 진화처럼 선택이 불가능한 속성이 있다, 라는 확고한 기술관이 한몫을 담당합니다. 하지만 인류의 발전 과정에서 드러났듯이 어떤 사건과 현상의 등장은 결국 인간이 선택하고 실행한 결과입니다. 이 말은 사태의 이면에 도사린 의도와 과정을 물어야 한다는 말입니다. 포스트휴먼 논의도 마찬가지입니다. '포스트휴먼'이라는 개체발생이 그동안의 계통발생을 넘어갈 것이라는 위기감이 저에게는 있습니다. 아울러 그것은 전시대와는 다른 차원과 강도의 민중을 향한 고통의 현상학을 예감케 합니다. 이 지점이 바로 포스트휴먼 시대를 향한 민중신학의 개입이 시작되는 지점이라 할 수 있을 것입니다.

어렵지 않게 예측할 수 있는 포스트휴먼 시대의 풍경이라면 현재의 노동(직업) 구조가 붕괴될 것이라는 전망이겠죠. 공장에서 물건을 만들고 그것을 판 이익이 다시 생산현장으로 투입되면서 부를 창출했던 전통적인 자본주의가 20세기 후반 신자유주의의 도래와 더불어 금융자본주의로 바뀌면서 벌어졌던 충격과 공포를 우리는 기억하고 있습니다. 그것에 채 적응하기도 전에 사회 전 분야에서 전 방위적으로 우리들에게 변화할 것을 강요하고 있습니다.

그런 의미에서 2012년 대만 홍하이정밀공업 회장의 발언, "100만 마리의 동물을 관리하는 수고를 덜기 위해 공장에 로봇을 투입해야겠다"라는 말은 곱씹어봐야 할 대목입니다. 신자유주의를 추동하는 의식, 무의식에 잠재해 있는 무서운 실용주의와 반휴머니즘이 얼마나 잔혹한지 우리는 경계해야 합니다.[1] 30년 후 실현될 인간생명 연장을 논하기 이전에, 언제 도래할지 모르는 유토피아를 꿈꾸기 이전에, 오지 않는 고도를 마냥 기다리기 이전에 지금 여기에서 벌어지고 있는 고통을 바라보는 시선의 확보가 우선되어야 하지 않는가, 라는 물음이 포스트휴먼 논의에서 지금보다는 강하게 등장해야 되는 것은 아닌지.

포스트휴먼 세상이 유토피아가 될는지, 아니면 디스토피아가 될는지에 관해서는 의견이 분분하지만, 분명한 것은 그 과정에서 많은 사람들이 제외되거나 도태되어 고통의 한복판으로 몰릴 것이고, 그 파장이 종전보다 광범위하고 상흔 또한 깊을 것이라는 묵시론적 전망은 그것의 진위 여부를 떠나 이미 번져버린 포스트휴먼 현상학이 되었습니다. 저의 관심사는 이러한 상황 속에서 예측 가능한 종교와 윤리의 미래입니다. 죽음을 통제하고 관리할 수 있게 된 시대에서 종교란? 인간의 내부를 부속품으로 대체할 수 있게 된 기계인간에게 필요한 종교와 윤리는? 과연 그날에도 우리는 교회에 모여 예배를 드리고 우리가 믿는 신을 향해 고백을 하고 기도를 할 수 있을지, 이것이 포스트휴먼 시대를 맞이하는 종교적 윤리적 위기의식이라 할 텐데 아직까지는 이 물음에 대해 뭐라 답하기에는 갖고 있는 자원이 너무 부족하고 지식 또한 짧습니다.

3. 나의 포스트휴먼 체험기

미국 내에서 'Religion & Science' 분야의 최고 연구기관 중 하나인 Zygon Center for Religion and Science(줄여서 그냥 Zygon이라 부름. http://

zygoncenter.org)가 시카고 루터란 신학교 내에 있습니다. Zygon의 운영자이자 미국 '종교와 과학' 분야의 대부격 되는 인물 중 한 분이 지금은 은퇴한 필립 헤프너(Philip Hefner)입니다. 헤프너 교수는 샌프란시스코 GTU에 있는 테드 피터스, 러셀 교수와 2016년에 타계한 이언 바버 등과 더불어 미국 내 종교와 과학을 선두에서 지휘했던 인물이었고, 특별히 인간을 하나님과 함께 Co-Creator 지위로까지 부상시켜 생태신학의 기반을 제공했던 중요한 학자이기도 하죠.[2]

제가 시카고에서 유학할 때 헤프너 교수가 개설하는 'Epic of Creation'(2005년)과 'Science & Ethics'(2006년) 두 과목을 수강한 적이 있습니다. 'Epic of Creation'(번역하면 '창조의 새 기원'쯤으로 해석되는) 시간은 시카고에 있는 유수한 대학의 천문학자, 물리학자, 분자생물학자, 진화생물학자들을 초빙하여 우주의 창조 혹은 진화론에 대한 이야기를 듣고 신학적 의제의 폭을 넓히는 시간이었습니다. 빅뱅에 대한 이론을 과학자들이 설명하고, 그다음에는 구약학자들이 구약성서에 나오는 창조에 대한 이야기를 들려줍니다. 다음 시간에는 신약성서에 나오는 종말에 대한 신약학자들의 이야기가 이어지고, 그다음 시간에는 물리학에서 말하는 엔트로피에 대한 해설을 듣습니다. 이런 식으로 한 학기 내내 창조부터 종말까지 과학과 신학에서 다룰 수 있는 폭넓은 이슈들에 대한 논의들이 현란하게 펼쳐지는 수업이 바로 'Epic of Creation'이었습니다.

'Epic of Creation'을 마치고 다음 학기(2006년 봄 학기)에 나는 헤프너 교수가 진행하는 'Science and Ethic'을 계속 수강 신청해서 세미나에 참여하였습니다. 특별히 그 해는 헤프너 교수가 은퇴를 하던 해였던지라 대가의 수업을 들을 수 있었던 마지막 기회였었죠. 그 수업은 과학의 발전에 따른 윤리적 이슈들을 다루는 수업이었는데, 인간복제, 가상공간, 뇌 과학 등 현재 포스트휴먼 논의에서 다루는 주제들에 대한 윤리적 접근이었습니다. 교수는 수강생들에게 첫날 다음과 같은 질문들을 던졌습니다. "9.11 같은 끔찍한 기억을 선택적으로 지울 수 있다면 어떤 일이 일어날까? 자녀들의 기억력과 창의력을 높이기 위해 약을 먹고 뇌의 특정 부위에 대한 시술을 받는 것은 윤리적으로 정당한가? 뇌 과학에 의하면 인간의 자유의지는 무시할 수도 있다는 결론에 도달하는데, 그렇다면 인간의 도덕적 의지와 직관은 무엇으로 보장받는가?" 그 강의는 이처럼 뇌 과학의 발전에 따라 등장하는 다양하고 묵직한 윤리적 함의들에 대해 질문을 던졌습니다. 그리하여 전통적 규범윤리학에 함몰되어 있던 저에게 윤리적 혼란을 불러일으켰던 사건이 되었습니다.

그 수업에서 쟁점이 되었던 것은 어디까지 뇌 과학의 발전을 허용할 것인가, 인데 이 물음은 '인간이란 무엇인가?'라는 근원적인 문제와 최종적으로 조우합니다. 아픈 기억을 지워버리고, 호르몬 분배를 장악하여 인간의 감정과 기분을 통제, 조절하게 되면 인간은 어떻게 될까요? 학기가 진행되면서 저는 뇌 과학과 관련된 종교적 윤리적 문제들에 대해 (미국 내에서) 본격적으로 학제 간 접촉이 이루어지기 시작했다는 것을 감지할 수 있었고 앞으로 중요한 문제로 부상할 것이라 예감할 수 있었습니다(물론 지금은 당시보다는 더 많은 학문적 성과와 발전이 이루어졌겠죠).

뇌 과학이 지니는 이런저런 염려 때문에 뇌 과학에 대한 통제를 해야 한다는 기독교 우파 진영의 목소리도 들렸던 것 같고, 뇌 과학의 발전으로 예상되는 우리 삶의 변화된 모습에만 포커스를 맞추는 지나친 낙관성에 근거한 가십성 기사도 신문에서 종종 봤던 기억이 있습니다. 하지만 대부분의 학자들은 차분히 여러 각도에서 사태의 추이를 관망하고 성찰하면서 천천히 이 문제에 접근하는 것 같아 보였습니다. 벌써 10년도 훨씬 전 이야기가 되었네요.

4. 다시, 인간이란 무엇인가?

당시의 기억을 더듬어볼 때, 포스트휴먼을 둘러싼 근심과 걱정, 비관과 낙관의 출발점은 여전히 '인간이란 무엇인가?'라는 물음이 아닐까 합니다. 그리고 '인간이란 무엇인가?'라는 물음은 '마음이란 무엇인가?'로 치환이 가능합니다. 물론 마음은 뇌에서 작동하는 것입니다. 하지만 인간의 마음을 뇌 활동의 산물이라고만 국한시킬 수 있을는지에 대해서는 의문입니다.

마음의 문제에 대해 뇌 과학자들은 '육화된 마음 이론'(embodied mind theory)과 '확장된 마음 이론'(extended mind theory)을 이야기합니다.[3] 전자는 인간의 마음이 온몸을 통해 형성된다는 이론이고, 후자는 더 나아가 인간의 마음이 뇌와 몸만이 아니라 인간을 둘러싼 환경과도 밀접한 연관이 있다는 이론이라 할 수 있습니다. 이렇게 되면 인간의 마음은 뇌에서 만들어지는 것이 아니라 인간을 둘러싼 우주 전체가 우리의 마음 안으로 들어오는 것이 됩니다. 결국 마음의 문제는 외부와 맺는 관계의 양상, 관계의 법칙으로 확대되는 셈입니다.

'인간이란 무엇인가?'라는 질문에서 제가 마음의 문제보다 더 주목하는 부분은 기억의 문제입니다. 뇌 과학에서는 기억을 지우는 것이 가능하다고 하죠. 언젠가는 영화 〈블레이드 러너〉에서처럼 기억을 심는 것도 가능하지 않을까요. 예를 들어 세월호 사건으로 딸을 잃은 부모에게서 세월호 사건과 관련된 기억을 지우고, '딸은 성장하여 미국으로 시집가서 지금 미국에서 잘 살고 있다'라는 기억을 새로 심었다고 칩시다. 그렇다면 사위에 대한 설명, 미국에 살고 있는 지역에 대한 자료, 딸의 연애 과정, 결혼식 풍경, 공항에서의 이별 등 지금 살아 미국에 있는 딸에 대한 수많은 기억이 함께 구성되어야 합니다. 왜냐하면 기억이란 단편적 사건의 단순한 나열이 아니라, 은유와 환유의 고리와 연쇄를 따라 통합적으로 구성되는 사건의 총체이기 때문입니다. 이러한 기억의 총합이 마음을 직조하고 그러한 마음을 가질 때 비로소 우리는 인간이 되는 것이라고 말한다면 너무 순진한 답인가요.

만일 뇌 과학에서 말하는 기억을 삭제하는 것이 가능하여 실제로 누군가의 기억하고 싶지 않은 쓰라리고 고통스런 기억을 지워버리면 어떤 일이 벌어질까요? 이런 기술이 완성된다면 사람들은 괴로움을 잊고 평생 평안한 기분으로 살게 될지도 모르겠습니다. 모든 사람들이 아픔과 괴로움을 모르는 세상에 산다고 가정해볼까요. 그런 세상은 고통에 대한 감수성이 필요 없는 세상일 것이고 아픔에 대한 연민도 소용없는 세상 아닐는지요. 그곳에서 윤리는, 그리고 종교는 어떤 일을 감당할 수 있을까요.

5. 고통, 기억, 그리고 메시아

제가 기억의 문제에 관심을 갖고 주목하는 이유는 고통 때문입니다. 고통은 거의 모든 종교에서 마지막으로 다루는 이슈입니다. 종교를 통해 고통의 기억은 고통에 대한 기념으로 탈바꿈됩니다. 내게 닥치는 고통에 대한 이해와 해석, 그리고 고통을 극복하려는 행위의 과정에 종교는 개입합니다. 고통에 대한 정의가 어려운 이유는 고통에 대한 이해가 고통을 겪는 사람들의 수만큼이나 다양하기 때문일 것입니다. 특별히 그리스도교 전통에서 마련된 고통과 악에 대한 신학적 답변을 신정론(Theodicy, 神正論)이라 부릅니다. 근대적 합리성이 고통과 죽음이라는 삶의 타자를 정복해가는 과정이었다면, 반대로 신정론은 신학적인 영역에서 펼쳐진 고통과 죽음에 대한 내면화 과정이 아니었을까 싶습니다.

보수적 그리스도교 전통에서는 죽음 이전과 이후를 분리하여 죽음 이후를 신화화, 초역사화시키는 경우가 많습니다. 이 과정에서 엄연한 현실의 논리이고 원칙인 고통이 죽음과 결부되어 탈역사화되는 과정을 거칩니다. 그리하여 현실에서 체감되는 고통의 강도는 무화되거나 최소화됩니다. 그리스도교의 신정론이 혹 (본래 취지는 그렇지는 않았겠으나) 고통의 현장에서 민초들에게 고통을 해석하고 받아들이는 진통제 같은 역할을, 기득권층에게는 유용한 고통에 대한 설득과 선전의 도구가 되어 왔다고 말한다면 너무 불손한 발언일까요. 신정론의 효과인지는 모르겠으나 그리스도교 내에서는 '고통-죽음-부활-승천'으로 이어지는, 고통을 초월하는 영광과 승리의 카르텔이 형성되었고, 고통은 그 사이클 속에서 극적 반전 효과를 증대시키는 필수불가결한 요소가 되었습니다.

고통과 관련지어 그리스도교에서 빠뜨릴 수 없는 키워드가 또 하나 있는데 바로 메시아입니다. 그리스도교 전통에서 메시아는 미래의 어느 막연한 시점에서 현실의 절망적 공간 안으로 귀환하는 한 슈퍼스타를 기다리는 열망이었다고 할 수 있습니다. 메시아적 대망은 현실의 고통과 환난을 견디게 하는 종교적 위안이자, 미래를 대망하는 종교적 비전의 역할을 수행해왔습니다. "그(녀)의 재림으로 인해 체제의 압제로부터 비롯되는 이 땅에서의 고통과 억울함, 분노와 절망은 일거에 사라질 것이다. 그러니 이 땅의 민중들이여, 조금만 더 참고 견디라! 이제 곧 그분이 오신다!"

하지만 유감스럽게도 역사에서 전개되었던 메시아주의의 현실은 배제와 차별, 적대와 응징의 메커니즘을 양산하면서 비극적 메시아 현상학으로 나타났습니다. 현실의 역사 가운데 전개되었던 메시아적인 열망과 환상은 그것 이외의 것들을 끊임없이 타자화시키는 배제의 메커니즘을 낳았고 폭력을 정당화시켰습니다. 초대교회 때부터 있어 왔던 각종 이단논쟁, 십자군 전쟁, 마녀사냥, 선교와 식민주의, 원주민 학살, 인종주의, 제국주의적 침략 과정에서 그리스도교의 이름으로 수행된 침략과 학살, 타종교 배제와 억압, 전통문화의 파괴, 근래에 있었던 '테러와의 전쟁'까지, 시대와 이유를 떠나서 폭력과 혐오의 이면에는 서구 열강의 음모를 메시아적 환상으로 등치시키고 메시아주의 이외의 것은 모두 악으로 규정하는 배제의 메커니즘이 깔려 있습니다. 이러한 메시아주의 안에 깃든 광신성을 감지했던 데

리다는 'the messianic without messianism'(메시아주의 없는 메시아적인 것)[4] 이라는 다소 과한 표현을 동원하면서 전통적 메시아주의를 향한 적대를 선언한 바 있습니다.

6. 실패한 반란의 기억, 민중 메시아

민중신학에서 말하는 민중 메시아는 서구 메시아주의의 입장에서 보면 그 위상이 파격적이고 독특합니다. 역사적 예수가 성취했던 유일회적 그리스도 사건을 예수라는 어느 한 슈퍼스타의 일인 무용담으로 가두지 않고, 예수와 더불어 함께한 민중(오클로스)까지를 포함한 사건으로 취급했다는 점에서 그렇습니다. 그리고 그것은 유일회적인 화석화된 유물로 끝나는 것이 아니라 역사의 고비마다 고통에 맞서는 민중의 함성과 저항을 통해 되살아나 지금까지 면면히 이어지는 메시아 사건으로 부활합니다. 이런 이유로 민중신학의 메시아론은 주체의 역동과 시대적 사명이 강조되었던 시기에 진보기독교 진영은 물론, 인문-사회과학에 몸담고 있었던 많은 양심적 지식인들에게 당대를 해석하는 중요한 해석학적, 실천적 동력이었습니다.

민중신학자들이 '민중 메시아' 발언을 했을 때 그것은 전통신학에 대한 반박이나 평신도의 신앙을 흔들기 위함이 아니었습니다. 고난의 시간을 견디고 지금도 여전히 고통의 가운데 있는 민중들이 인식한 하느님은 교리와 신조 안에만 갇혀 있는 그런 신일 수 없습니다. 민중이 메시아라는 말은 고난의 역사를 뚫고 온 민중들이 하느님의 구원활동을 사후적으로 기억하면서 획득한 실존적 고백이라 할 수 있습니다. 역경을 지나온 민중들이 고난을 기억하고 해석하면서 더 이상 신을 훈고학의 대상이 아니라 사건과 현장 속에서 민중들의 고난과 함께하는 신으로 강림하게 하였습니다.

그런 의미에서 저는 민중신학의 메시아 사건을 하느님 나라를 향해 가는 무수한 고통의 점근선이라 말하고 싶습니다. 수학에서 어떤 목표를 향해 접근하지만 닿지 않는 선을 점근선이라고 한다지요. 선은 점으로 구성되어 있습니다. 수많은 점을 이어야 선이 되듯이 메시아는 역사의 고비고비마다 점으로 존재했던 민중들을 잇는 무엇 아닐는지. 이는 기존의 변증법에 입각한 진보적 상상과는 다릅니다. 우리와 관계없는 시간과 공간으로부터 도래하리라 예견되는 전통적인 메시아는 미래를 향해 진보하는 변증사관의 역순이라 보면 맞습니다.

마르크스는 '혁명이 세계사의 기관차'라 말했다지만 일방적으로 이루어지는 진보에 대한 신화적 믿음에 민중 메시아는 동의하지 않습니다. 과거로부터 이어져 왔던 민중들의 투쟁의 역사를 복기하고, 실패한 기억과 상처를 보듬으며 민중은 하느님 나라의 주역으로 스스로를 고양시킵니다. 단적인 예를 우리는 예수의 제자들에게서 찾을 수 있습니다. 시간이 지나면서 십자가 처형으로부터 도망가거나 회피했던 추종자들은 예수의 죽음에서 자신들이 자유롭지 못하다는 사실을 깨달았습니다. 그 절패의 감정과 오욕의 역사는 씻을 수 없는 트라우마로 남았죠. '그때 내가 왜 그랬을까, 예수님이 십자가에서 울부짖고 있었을 때 내가 뭘 하고 있었던 거지.' 이것이 바로 제자들이 가졌던 외상적 기억의 내용이었습니다. 정신분석학은 모든 억압되었던 것은 귀환한다고 하지요. 어쩌면 성령강림 사건은 억압된 트라우

마를 지우고 현실로 귀환하게 하여 다시는 그렇게 행동하지 않겠노라고 다짐하면서 용기를 주는 역할을 했던 것은 아닌지. 실제로 그들은 변했다고 성서는 전하고 있습니다.

예수의 추종자들은 다양한 민중해방의 운동에, 유대-로마 전쟁에서, 회당 시스템에서 축출당하는 위험을 감수하면서도, 지난 시절 예수의 죽음 앞에서 도망갔던 굴욕적인 삶을 살지 않았습니다. 자신들을 휘감는 고통 속에서도 예수의 고통을 계속 떠올리면서 그 순간을 견디며 예수를 전승하였습니다. 예수를 기억하면서 현실에서 자신들에게 닥치는 불의와 고난에 당당히 맞섰던 것이죠. 이런 예수 전승의 활성화가 그때 그곳에서의 저항과 부활사건을 가능하게 하였고, 화산맥처럼 이어져 지금 이곳에서 벌어지는 부정의와 폭력에 맞서는 메시아 사건을 가능하게 하였습니다. 이것이 민중신학이 고백하는 실패한 기억의 추억입니다.

7. 역사를 바라보는 변증법의 두 얼굴

이왕 변증법에 대한 이야기가 나왔으니까 마저 변증법에 대한 부연 설명을 할 필요를 느낍니다. 이것은 고통의 시대를 살아왔던, 혹은 지금 살고 있고, 앞으로 고통을 헤쳐 갈 자들을 위한 새로운 상상력과 연관된 부분입니다. 변증법이 실제 삶에서 위력을 발휘하기 시작한 것은 마르크스주의자들에 의해 변증법적 역사관이라는 세계관을 형성한 이후입니다. 마르크스주의자들은 인류의 역사를 대상으로 자연과학과 같은 합법칙성을 찾아내고자 했으며 그것을 역사 발전의 법칙이라 불렀죠.

변증법적 역사관은 진보와 발전이라는 시대정신으로 대변됩니다. 봉건사회가 농경문화에 바탕을 둔 순환적인 시간관에 기반한다면, 근대는 과학기술 문명의 비약적 발전에 따른 직선적이고 발전적인 시간의식을 바탕으로 합니다. 어제보다는 오늘이 나아졌다는 경험과 오늘보다 내일은 분명 더 좋아질 것이라는 전망이 근대의 낙관적 세계관이었고 그 저변에는 변증법적 논리학과 시간관이 깔려 있습니다.

그러나 이러한 역사의식에는 심각한 위험이 도사리고 있습니다. 승자독식의 역사를 가능하게 한다는 점입니다. 과거에 대한 기억은 단순한 과거의 나열이 아닙니다. 미래 역시 막연한 훗날에 대한 공상이 아니라 현재의 시점에서 바라본 시간의 연장입니다. 이렇듯 과거와 현재와 미래가 하나로 이어졌다는 신화는 현실의 역사에서 어김없이 승자의 시선으로 각색되어 왔습니다. 그 과정에서 엄연히 존재했던 민중들의 비참과 탄식과 고통의 기억은 주인의 승리서사를 위해 동원되는 추억의 후일담일 뿐입니다. 포스트휴먼을 둘러싼 방식과 내용이 이런 변증법적 발전사관과 논리학에 입각한 서사의 구조를 띠고 있는 것은 아닌지, 라는 의구심은 저만이 갖는 기우는 아닐 것입니다.

변증법적 역사관에 대한 비판은 마르크스주의 내부에서 나왔습니다. 발터 벤야민은 균일하고 동일하며 정지 없이 이어져오는 역사에 대한 시각(예를 들어 '반만년 이어온 유구한 삼천리 반도 우리 역사' 같은 유의 서사들)을 부정하면서 '정지상태의 변증법'이라는 말을 썼습니다.[5] 승리가 보장된 미래를 향해 마치 기계처럼 자신을 몰아쳐 가는 기존의 변증법적 역사관과는 달리 정지상태의 변증법은 성경에 나와 있는 열 처녀 비유에서 보듯이 예고되지 않은 한밤중에 도래하는 신랑처럼, 혹은 도적처럼, 마른하늘의 날벼락처럼 연속적인 시간의 흐름에 균열을 내며 도래합니다. 그 시간과 공간이 바로 메시아가 도래하는 때이고 장소인 셈이죠.

8. 발터 벤야민의 '역사철학테제'를 통한 성찰

저는 벤야민을 읽다가 민중 메시아를 적절하게 묘사하는 그림 하나를 발견했습니다. 파울 클레(Paul Klee, 1879-1940)의 〈새로운 천사〉(1920)라는 작품입니다. 클레는 '새로운 천사'를 '파국의 천사'로 그렸습니다. 하느님의 복음을 전하던 과거의 날개 달린 천사가 아니라, 파국을 지켜볼 수밖에 없는 새로운 천사 말입니다. 이 그림은 발터 벤야민의 아래 글 때문에 유명세를 탔습니다.

> 그림의 천사는 자기가 줄곧 보던 것들로부터 떠나려는 것 같다. 눈을 크게 뜨고 있고, 입은 벌어져 있으며, 날개는 펼쳐져 있다. 역사의 천사도 이런 모습일 게다. 그의 얼굴은 과거를 향하고 있다. 그는 온갖 난파된 잔해를 쌓아 올리며, 그의 발 앞에 내던져진 대참사를 목격한다. 천사는 거기 머물며 죽은 자들을 깨우고 파괴하던 것들을 복구하고 싶다. 폭풍으로 날개를 접지도 못한 채, 그저 미래를 향해 날아가면서 쌓이는 과거에서 시선을 떼지 못한다. 우리가 진보라고 일컫는 것은 바로 이런 폭풍을 두고 하는 말이다.[6]

파울 클레, 〈새로운 천사〉(1920)

여러분들은 하늘에 떠 있는 천사가 어떻게 보이시나요. 하늘을 향해 수직으로 상승하는 것처럼 보이기도 하고, 그냥 하늘에 떠 있는 것 같기도 하고, 캔버스 밖으로 뛰쳐나올 것 같기도 하고, 캔버스 멀리 사라져 가는 것 같기도 합니다. 벤야민은 천사가 비록 폭풍에 떠밀려 뒤로 날아가면서도 그것에 저항하듯 앞을 응시하는 것으로 해석하고 있습니다. 그는 「역사철학테제」에서 변증법적 역사관의 낙관적 사고에 대해 의심을 하면서 그들이 꿈꾸는 진보적 세상에 대해 딴지를 걸고 있습니다. 그 과정에서 클레의 그림 〈새로운 천사〉에 대한 해석을 「역사철학테제」 테제 IX번에 배치시켰던 것이죠.

벤야민은 진보와 낙관에 기대어 미래를 응시하는 천사가 아니라, 실패와 좌절을 거듭하고 있는 역사를 안타깝게 바라보는 천사를 '역사의 천사'(the angel of history)라 불렀습니다. '역사의 천사'는 폭풍우에 떠밀려 하늘을 향해 마지못해 올라가는 듯 보이나 정면으로 퍼붓는 바람에 굴하지 않고 두 눈을 똑바로 뜨고 여전히 지상을 바라보고 있습니다. 슬픔 많고 한 많은 이 땅에 대한 응시를 포기하지 않는 천사를 클레는 〈새로운 천사〉라 이름 지었고, 벤야민은 이를 진보 진영의 새로운 운동의 방향으로 설정하였던 것입니다.

저는 〈새로운 천사〉가 오늘 이 시대에서 민중 메시아를 읽어내는 유의미한 상징이라 말하고 싶었습니다. 천사는 바람에 떠밀려 하늘로 올라가면서도 창공을 바라보지 않고 이곳을 바라보는데, 이는 지금 여기서 벌어지고 있는 비참과 탄식, 폭력과 혐오에 맞서 싸우는 사람들을 기억하기 위함입니다. 그(녀)가 바라보고 있는 지점은 4.3의 제주, 혹은 80년 광주일는지 모르겠습니다. 쌍차와 용산참사가 벌어졌던 당시의 참혹한 목소리를, 4대강에서 울려 퍼졌던 뭇 생명들의 절규를 망각하지 않으려고 천사는 그들을 향한 시선을 거두지 않고 뒤돌아보며 승천하고 있습니다. 강정과 밀양과 성주의 아픔에 천사는 눈을 거두지 못하고, 세월호에서 죽어간 우리 아이들의 영정을 가슴에 품고 천사는 바람에 밀려갑니다. 바로 이 지점이 민중 메시아가 발생하고 작동하는 지점이 아닐까요.

테리 이글턴은 다음의 문장으로 위의 논의들을 간단히 정리합니다. "내가 이해하는 바의 기독교 신앙에서 일차적인 것은 초월자인 하느님이 존재한다는 명제에 동의하느냐 않느냐의 문제가 아니라, 어둠과 고통과 혼란 속에 허덕이며 막다른 지경에 이르렀음에도 세상을 변화시키는 사랑에 대한 약속을 충실하게 믿고 지키는 인간들이 보여주는 헌신이다."[7]

9. 에필로그

이제 끝으로 포스트휴먼 시대에 왜 민중 메시아인가, 라는 발언을 하면서 글을 마무리하려 합니다. 민중 메시아에 대한 저의 생각을 매조지하면 다음과 같습니다. 민중 메시아는 대타자인 신의 음성을 무조건적으로 수동적으로 따르지 않습니다. 또한 민중 메시아는 우리로 하여금 그동안 우리를 지탱케 했던 상징계의 법칙과 교리의 강제와 도그마의 환상을 버리게 합니다. 그리고 현실에 존재하는 다양한 복수적 타자들이 일으키는 변혁의 사건들을 지지하는 사랑의 자리로 우리를 초대합니다. 그 자리란 모든 개별적 존재가 지니는 차이와 다양성을 자본이라는 등가의 원칙으로 서열화한 세상이고, 그 자리란 생명에 대한 존엄이 무너진 디스토피아 세상입니다. 더 구체적으로 그곳은 성의 차이로 인한 혐오가, 계급의 차이로 인한 소외가, 종교의 차이로 인한 적대가 넘치는 그곳이고, 인종과 문화의 차이로 인한 배제가 발생하는 이곳입니다. 그 파국의 한가운데서 민중신학은 구원을 이야기하였고, 그것의 이름이 바로 민중 메시아였던 것이죠.

포스트휴먼 시대가 도래하여 더 이상 눈물을 흘리지 않는 세상이 되기를 진심으로 바랍니다. 하지만 그날이 오기 전까지 우리는 고통의 현장을 외면할 수 없습니다. 우리의 과제는 급격하게 변하는 시대의 흐름을 따라가려는 노력만이 아니라, 지금의 변화를 주도하는 뒤편에 혹 도사릴 수 있는 음모를 파헤치는 일, 그리고 그 변화의 방향이 확실하고 바른지를 의심하고 확인하는 일입니다. 지금의 변화가 누구의 이익을 위해 기획되고 소비되고 있는지를 따라가는 일은 그래서 중요합니다.

포스트휴먼 시대를 어떻게 지나야 하는지에 대한 고민만큼이나 여전히 휴먼, 아니 휴먼 이하의 삶을 살고 있는 많은 사람들의 고통과 탄식에 어떻게 반응해야 할지에 대해서도 우리는 살펴야 합니다. 지금 눈물을 흘리는 최후의 휴먼이 사라지는 그날 비로소 우리의 포스트휴먼 시대가 시작되는 것 아닐까요. 앞만을 주시하고 더 높은 곳만을 향해 올라가는 천사이기를 거부하고, 바람을 맞으며 땅 아래 있는 고통당하는 사람들을 포기하지 않았던 파울 클레의 그림에 등장하는 〈새로운 천사〉처럼, 시대를 거스르는 최후의 남은 자가 되는 것, 그것이 이 시대의 신학이 견지해야 할 최소한의 양심이고 예의라 저는 생각합니다.

민중신학은 이러한 취지에 충실했던 신학이었습니다. 민중신학은 중심의 부재와 해체를 선언하면서 등장한 파국이었고, 그로 말미암아 본성상 주변에 위기를 선사할 수밖에 없는 세이렌의 음성이었습니다. 그것이 민중신학을 여전히 현재진행형인 위태로운 사건의 문법으로, 혹은 현실을 지배하는 음모와 권력에 대항하는 유령의 언어로 남아 있게 한 것인지도 모르겠습니다. 포스트휴먼 시대가 앞으로 어떻게 전개될는지 모르겠으나 혹 우리 앞에 새로운 고통의 제목과 지점들이 등장할 때 민중신학은 포스트휴먼에 대한 증언자로, 감시자로, 그리고 고발자로 남을 것입니다. 그러할 것입니다.

| 주 |

1장 인공지능과 인간지능

1 슈퍼인텔리전스는 "모든 관심 영역에서 인간의 인지능력을 상회하는 지능"(any intellect that greatly exceeds the cognitive performance of humans in virtually all domains of interest)으로 정의될 수 있다. 즉 슈퍼인텔리전스는 특정적이거나 특화된 분야에서만 두각을 나타내는 지능이 아닌, 이를 뛰어넘는 일반 지능의 성격을 획득한다는 입장이다. 현대 기술은 오랜 시간 진화에 의한 지능의 탄생을 넘어서 직접 지능을 설계하고 구현함으로써 초지능의 시대를 예비하고 있었다. 전뇌 에뮬레이션(whole brain emulation), 생물학적 인지능력, 인간-기계 인터페이스(human-machine interface), 네트워크와 조직 등 이런 다양한 갈래의 방식들이 초지능이 달성될 수 있는 가능성을 높이고 있다. 초지능의 등장은 일상의 편리함을 더할 것이라는 예상 너머에서 일어날 '새로운 국면' 때문에 문제가 된다. 다시 말해 인류는 인공지능의 유토피아적인 상황만을 꿈꿀 수 있느냐 하는 것이며 이 지점에서 슈퍼인텔리전스의 위험이 등장한다. 슈퍼인텔리전스는 지능 증폭, 전략 수립, 사회적 조정, 해킹, 공학기술, 연구, 경제력, 생산력과 같은 8개의 분야에서 월등한 능력을 보유하여 초능력을 지니게 될 것이라는 우울한 전망이다. Nick Bostrom, *Superintelligence: Paths, Dangers, Strategies* (New York: Oxford University Press, 2014), 26.

2 이경민 외, 『인공지능과 포스트휴머니즘』 (서울: 이학사, 2020). Chun Chul, "The Age of Artificial Intelligence and Religious Imagination," *The 5th World Humanities Forum: The Human Image in a Changing World* (Seoul: World Humanities Forum, 2018.10.31).

3 Alfred Binet & Théodore Simon (Elizabeth S. Kite trans.), *The Development of Intelligence in Children* (Vineland NJ: The Training School, 1916).

4 Arthur Robert Jensen, *Genetics and Education* (London: Methuen, 1972), 76.

5 Kyoung-Min Lee & Kyung-Ha Ahn, "The Frontal Eye Fields Limit the Capacity of Visual Short Term Memory in Rhesus Monkeys," *PLoS ONE* 8(3) (2013).

6 이경민, 「뇌의 신경과학적 접근: 기능적 뇌영상화를 중심으로」, 『인지과학』 (서울: 태학사, 2001), 487.

7 전철, 「신의 지능과 사물의 지능: 지능의 본성에 대한 신학적 연구」, 「신학사상」 183 (2018), 79-109.

8 Friedrich Nietzsche, *Menschliches, Allzumenschliches* (München: De Gruyter, 1988), 101.

9 홍성욱, 『포스트휴먼 오디세이』 (서울: 휴머니스트, 2019).

10 Gilbert Simondon, *On the Mode of Existence of Technical Objects* (Minneapolis: Univocal, 2017), 25-29.

11 Alfred North Whitehead, *Process and Reality: An Essay in Cosmology* (New York: The Free Press, 1978), 21-22.

12 Martin Heidegger, "Die Frage nach der Technik," *Gesamtausgabe Band 9* (Frankfurt am Main: Vittorio Klostermann, 1976), 28-29.

13 전통적인 기술변화를 체화하는 트랜스휴먼의 논의는 신체-기계를 둘러싼 다원적 파편화의 양상과 개인주의로 추락할 소지가 있음을 포스트휴먼 관점에서는 비평한다. 특히 도나 해러웨이가 제안하는 과장된 탈신체화와 트랜스휴먼의 도피의 판타지를 넘어선 새로운 '기술과학적 민주주의'(technoscientific democracy)는 기술시대 포스트휴먼의 중요한 방향성이다. 여기에서는 기술주의적 개인주의에 입각한 관점에서는 인간과 비인간 사이의 불연속성을 넘어선 '탈신체화'로서의 신체적 결합을 주요한 목표로 설정한다는 점을 비판적으로 주목한다. Donna Haraway, *Modest_Witness@Second_Millennium: FemaleMan© Meets OncoMouseTM* (New York: Routledge, 1997), 95.

14 Riccardo Campa, *Humans and Automata: A Social Study of Robotics* (Frankfurt: Peter Lang, 2015).

15 Francis Fukuyama, *Our Posthuman Future: Consequences of the Biotechnology Revolution* (New York: Farrar, Straus and Giroux, 2002). Michael Sandel, *The Case Against Perfection: Ethics in the Age of Genetic Engineering* (Cambridge, Mass.: Harvard University Press, 2007). 한신대학교 종교와과학센터(CRS), 『트랜스휴머니즘과 종교적 상상력: 인간존재론의 재구성: 종교와과학 2016 국제콘퍼런스』 (서울: 한신대학교 종교와과학센터, 2016).

16 Lewis W. Spitz, "Humanismus/Humanismusforschung," *Theologische Realenzyklopädie: Band 15* (Berlin: Walter de Gruyter, 1986), 639-661. Stefan Herbrechter, *Posthumanismus: Eine kritische Einführung* (Darmstadt: WBG, 2009). Janina Loh, *Trans- und Posthumanismus: Zur Einführung* (Hamburg: Junius Verlag, 2019). Rosi Braidotti & Maria Hlavajova (ed.), *Posthuman Glossary* (London: Bloomsbery, 2018).

17 Alfred North Whitehead, *Process and Reality: An Essay in Cosmology* (New York: The Free Press, 1978), 22-23. Gilbert Simondon, *On the Mode of Existence of Technical Objects* (Minneapolis: Univocal, 2017), 253.

18 Kyoung-Min Lee, "Beyond Anthropocentricism," *Ecological Transformation on the Korean Peninsula and in East Asia. International Conference for Ecozoic Culture* (Seoul: People for Earth, 2018), 87-93.

19 James R. Flynn, *What is Intelligence? Beyond the Flynn Effect* (Cambridge: Cambridge University Press, 2007).

20 Bruno Snell, *The Discovery of the Mind* (Cambridge: Harvard University Press, 1953), 136.

2장 포스트휴먼 테크놀로지

1 Groden, Claire, "Here's How Many Americans Sleep with Their Smartphones", *Fortune* (30 June 2015) at https://fortune.com/2015/06/29/sleep-banks-smartphones; 만프레드 슈피처, 『노모포비아: 스마트폰이 없는 공포』, 박종대 옮김, 더난출판사, 2020.

2 Hutchins, Edwin, *Cognition in the Wild*, Cambridge: MIT Press, 1995; Clark, Andy/Chalmers, David, "The Extended Mind", *Analysis*, vol. 58/issue 1, 1998, 7-9.

3 여기서 말하는 포스트휴머니즘(posthumanism)은 휴머니즘을 극복하는 세계관, 사상, 감수성을 의미한다. 이는 인간의 한계를 뛰어넘으려는 트랜스휴머니즘(transhumanism)과 구별된다. 이에 대해서는 홍성욱, 『포스트휴먼 오디세이』, 휴머니스트, 2019를 참고할 것.

4 기술결정론에 대해서는 홍성욱, 「기술결정론과 그 비판자들: 기술과 사회변화의 관계를 통해 본 20세기 기술사 서술 방법론의 변화」, 『서양사연구』 49, 2013, 7-40을 참조.

5 Darwin, Charles, *The Descent of Man, and Selection in Relation to Sex*, London: John Murray, 1871, 51-52; Beck, Benjamin, *Animal Tool Behaviour: The Use and Manufacture of Tools by Animals*, New York: Garland STPM Publishing, 1980.

6 홍성욱, 「과학과 기술의 기원: 과학과 기술, 그 복잡한 관계의 시작」, 김희준 외, 『기원(the Origin)』, 휴머니스트, 2015, 298-326.

7 Kapp, Ernst, *Elements of A Philosophy of Technology: On the Evolutionary History of Culture*, Minneapolis and London: University of Minnesota Press, 2018 (originally 1877); McLuhan, Marshall, *Understanding Media: The Extensions Of Man*, New York: McGraw-Hill, 1964.

8 캅은 당대의 라자루스 가이거(Lazarus Geiger) 같은 고언어학자, 카를 슐첸슈타인(Carl Schultzenstein) 같은 고인류학자의 연구에 근거해서 자신의 이론을 발전시켰다. 그렇지만 고인류의 도구에 대한 중요한 발견은 대부분 20세기에 이루어졌다.

9 Reardon, Sara. "Stone Tools Helped Shape Human Hands", *New Scientist*, 11 April 2013. http://www.newscientist.com/article/mg21829124.200-stone-tools-helped-shape-human-hands.html#.Um1JMpE7ZuZ. 최근에 나온 또 다른 이론은 도구가 언어의 습득에도 영향을 줬다는 것이다. 몇몇 연구자들은 도구 만들기 같은 정교한 과정이 한 사람에게서 다른 사람으로, 부모 세대에서 자식 세대로 전수가 되는 것이, 언어가 다른 사람에게 대를 이어서 전수되는 과정과 흡사하다고 주장한다. 이들은 그 증거로 fMRI를 이용한 뇌 영상에서 언어를 말할 때 활성화되는 뇌의 부위와 도구 사용 시 활성화되는 뇌의 부위가 많이 중첩된다는 것을 제시한다. Stout, D./ Cheminade T., "Stone Tools, Language and the Brain in Human Evolution", *Philosophical Transactions of the Royal Society* B, 367, 2012, 75-87.

10 Rose, K./ Morgan, I./ Smith, W./ Burlutsky, G./ Mitchell, P./ Saw, S., "Myopia, Lifestyle, and Schooling in Students of Chinese Ethnicity in Singapore and Sydney", *Archives of Ophthalmology*, 126, 2008, 527-530; Marczyk, J., "Why Do So Many Humans Need Glassess?", *Psychology Today blog* (7 June 2017) at https://www.psychologytoday.com/us/blog/pop-psych/201706/why-do-so-many-humans-need-glasses.

11 Lee, Edward A., *The Coevolution: The Entwined Futures of Humans and Machines*, Cambridge, MA.: The MIT Press, 2020.

12 인간이 만든 지식이나 인공물이 인간 외부에 어떤 환경, 시스템을 이루고, 우리가 거기에서 요소들을 가져다가 창의적인 지적 활동을 할 수 있다는 것은 확장된 마음 이론과도 통한다. Harris, K., "Group Minds as Extended Minds", *Philosophical Explorations*, vol. 23, no. 3, 2020, 1-17.

13 이는 진화론의 유전과 관련해서 잘 알려진 도킨스의 명제 "The chicken is only an egg's way for making another egg."를 빌린 표현이다.

14 Haraway, D. J., *The Companion Species Manifesto: Dogs, People, and Significant Otherness*, Chicago: Prickly Paradigm Press, 2003. (이 선언문은 도나 해러웨이, 『해러웨이 선언문: 인간과 동물과 사이보그에 관한 전복적 사유』, 황희선 옮김, 책세상, 2019에 번역되어 있다); Haraway, D. J., *Staying with the Trouble: Making Kin in the Chthulucene*, Durham: Duke University Press, 2016.

15 Hong, Sungook, "Unfaithful Offspring? Technologies and Their Trajectories", *Perspectives on Science*, vol. 6, 1998, 259-287.

16 마찬가지로 인간도 완전히 자율적인 존재가 아니다. 우리가 기술 같은 인공물 없이 무엇을 혼자서 할 수 있는가를 한번 생각해 보면, 인간의 자율성이 매우 추상적이고 이상적인 개념임을 알 수 있다. 이에 대해서는 홍성욱 편역, 『인간, 사물, 동맹』, 이음, 2012에 실린 논문들을 참고하라.

17 Mindell, David A., *Our Robots, Ourselves: Robotics and the Myths of Autonomy*, Viking, 2015.

18 Winner, Langdon, "Do Artifacts Have Politics?", *Daedalus*, vol. 109, no. 1, 1980, 121-136; Miller, B., "Is Technology Value-Neutral?", *Science, Technology, & Human Values*, vol. 46, 2020, 53-80.

19 4절에서 다룰 시몽동의 기술철학이 이 점을 특히 강조했다.

20 홍성욱, 『모던 테크: 자전거부터 인공지능까지 우리의 삶을 바꾼 기술』, EBS BOOKS, 2020, 제1장 참조.

21 response-ability는 해러웨이가 *Staying with the Trouble* (주 14 참조)에서 반려종 사이의 책임의 문제를 모색하면서 제기한 개념이다.

22 홍성욱, 『포스트휴먼 오디세이』 (주 3 참조); Hall, Alex, "'A Way of Revealing': Technology and Utopianism in Contemporary Culture", *The Journal of Technology Studies*, vol. 35,

2009, 58-66.

23 홍성욱, 『모던 테크』 (주 20 참조).

24 Ellul, Jacques, *The Technological Society*, New York: Vintage Books, 1964; Mumford, Lewis, "Authoritarian and Democratic Technics", *Technology and Culture*, vol. 5, 1964, 1-8.

25 Schwartz, Oscar, (interview with Jaron Lanier) "Jaron Lamier is a Humanist", https://www.dumbofeather.com/conversations/jaron-lanier-is-a-humanist/ (1 October 2013).

26 Heidegger, Martin, "The Question Concerning Technology", *The Question Concerning Technology and Other Essays*, Translated and with an Introduction by William Lovitt, New York and London: Garland Publishing, 1977, 3-35.

27 Mitcham, Carl, *Thinking through Technology: The Path between Engineering and Philosophy*, Chicago: University of Chicago Press, 1994, 49-55.

28 기술과 비관주의(pessimism)에 대해서는 Marx, L. "The Idea of "Technology"and Post-modern Pessimism", in Ezrahi, Y. et al. (eds.), *Technology, Pessimism, and Postmodernism*, Dordrecht: Kluwer Academy, 1994, 11-28 참조.

29 시몽동에 대한 논의는 Simondon, G., *On the Mode of Existence of Technical Objects*, translated by Malaspina, Cécile/ Rogove, John, Minneapolis, MN: Univocal Publishing, 2017 [1958] (『기술적 대상들의 존재양식에 대하여』, 김재희 옮김, 그린비, 2011); 김재희, 『시몽동의 기술철학』, 아카넷, 2017을 참고했음.

30 시몽동의 이런 논의는 기술의 구성에 사회적 영향을 강조한 사회구성주의와 대치된다. 기술철학자 핀버그(Andrew Feenberg)는 이 둘이 모순되는 관계가 아니라 보완적인 관계로 볼 수 있음을 주장한다. Feenberg, A., "Concretizing Simondon and Constructivism: A Recursive Contribution to the Theory of Concretization", *Science, Technology, & Human Values*, vol. 42, 2017, 62-85.

31 이는 브뤼노 라투르가 주장한 인간-비인간의 대칭성(symmetry)과 상통하는 개념이다.

32 이들은 기계의 내적 작동을 이해하고, 기계와 소통하며, 기계에 대한 책임을 유지하는 사람들인데, 기술과 인간, 기술과 사회의 관련을 이해하는 엔지니어, 그리고 기술의 내적 작동을 이해하는 기술철학자, 기술사회학자에 더 가까운 개념이다. 이들은 사회학자, 심리학자와의 협동을 통해 기술과 기술사회의 균형을 맞추는 사람이다.

33 Alombert, A., "How Can Culture and Technics Be Reconciled in the Digital Milieu and Automatic Societies? Political Implications of the Philosophies of Technology of Simondon and Stiegler", *Culture, Theory and Critique*, vol. 60, 2019, 315-326 참조.

34 라투르의 비인간은 기술만이 아니라 동물, 세균처럼 인간이 아닌 생물을 포함한다. COVID-19 팬데믹을 일으킨 코로나 바이러스도 비인간 행위자이다. COVID-19에 대한 인문학에서의 분석으로는 김분선, 「코비드 시대의 정치 해부학, '통치 권력의 환영'」, 『인문학연구』 34, 2020, 241-267을 참조.

35 비인간이 행위성을 가지고 있다는 주장은 행위자 네트워크 이론에서도 가장 논쟁적인 부분이다. 이에 대한 이해를 위해서는 홍성욱, 『홍성욱의 STS, 과학을 경청하다』, 동아시아, 2016이나 Sayes, E., "Actor-Network Theory and Methodology: Just What Does It Mean to Say That Nonhumans Have Agency?", *Social Studies of Science*, vol. 44, 2014, 134-149를 참조.

36 이 기술적 매개에 대해서는 브뤼노 라투르, 『판도라의 희망』, 장하원·홍성욱 옮김, 휴머니스트, 2017, 282-306을 보라.

37 자동차가 갑자기 멈춰 섰을 때 우리는 자동차의 보닛(bonnet)을 열고 엔진룸을 들여다본다. 이때 자동차라는 블랙박스가 부품들로 다시 해체된다. 이런 기술적 실패(technological failure)는 기술이라는 것이 하나의 완결된 대상이 아니라 상당한 시간과 공간에 걸쳐 형성된 네트워크가 접혀져서 만든 것임을 보여주는 사건이다. 행위자 네트워크 이론을 이용해서 컬럼비아 우주왕복선의 폭발사고를 사례로 기술적 실패의 의미를 다루는 라투르의 연구로는 Latour, Bruno, "Networks, Societies, Spheres: Reflections of an Actor-Network Theorist", *International Journal of Communication*, vol. 5, 2011, 796-810이 있다.

38 Latour, Bruno/ Weibel, Peter (eds.), *Making Things Public: Atmospheres of Democracy*, Cambridge MA: MIT Press, 2005.

39 라투르, 『판도라의 희망』, 307-312.

40 그는 이를 '사물창조신화'(pragmatogony)라고 불렀는데, 그가 이를 신화라고 부른 이유는 이것이 진짜 역사에 가깝다기보다 진보의 신화를 대체하는 새로운 '서사'로서 더 의미가 있기 때문이다.

41 메가머신은 금속 부품들로 이루어진 기계가 아니라, 훈련되고 규율을 잘 따르는 인간과 도구의 조합으로 이루어진 기계를 의미한다. 이집트의 파라오가 피라미드를 세울 때 사용한 것이 이 메가머신이다. Mumford, Lewis, "The First Megamachine", *Diogenes*, vol. 14, 1996, 1-15; idem., *The Myth of the Machine (Vol. I): Technics and Human Development*, New York: Harcourt, 1967, 171-229.

42 스티글러의 기술철학은 Stiegler, B., *Technics and Time. Volume 1: The Fault of Epimetheus*, Translated by Richard Beardsworth and George Collins, Stanford: Stanford University Press, 1998을 참조. 스티글러는 자동화 사회, 네트워크 사회, 인공지능 등에 대해서 통찰력 있는 철학적 사유를 전개했는데, 이 논문에서는 다양한 주제에 대한 그의 논의 중에서 포스트휴먼 테크놀로지라는 주제와 관련된 것만을 선별했음을 밝힌다.

43 protention은 retention과 함께 후설의 현상학 철학에서 등장한 개념이다. 현상학에서는 이 개념을 '시간'에 대한 관념과 연결시켜서 사용하지만, 스티글러는 retention을 기억으로, protention을 미래에 대한 기획으로 사용한다. 이 둘을 연결해 주는 게 기술인데, 산업혁명 이후 현대 기술의 가속화된 발전과 블랙박스화는 과거와 미래의 연결을 불가능

하게 만들었다. 스티글러의 이 개념에 대해서는 Biship, Ryan/ Ross, Daniel, "Technics, Time and the Internation: Bernard Stiegler's Thought - A Dialogue with Daniel Ross", (first published) 24 March 2021, at https://doi.org/10.1177/0263276421990435.

44 Abbinnett, Ross, "The Politics of Spirit in Stiegler's Techno-Pharmacology", *Theory, Culture & Society*, vol. 32, 2015, 65-80.

45 기여 경제는 디지털 시대의 정보통신 기술을 이용해서 자원과 지식을 공유함으로써 자신의 일과 공동체의 경제에 모두 의미 있는 기여를 하는 관계망을 구축하는 작업을 의미한다. Stiegler, Bernard, *For a New Critique of Political Economy*, translated by Daniel Ross, Malden, MA: Polity Press, 2010.

46 라투르, 『판도라의 희망』, 제9장.

47 ㈜효돌과 돌봄 로봇 효돌에 대한 정보는 https://www.hyodol.com/shopinfo/company.html에서 볼 수 있다. 효돌의 공식 이름은 '부모사랑 효돌'이다. ㈜효돌은 '시니어감동연구소'라는 자체 연구소를 운영하는데, 코로나19 사태 이후 비대면 사회가 일상화되면서 효돌과 같은 돌봄 로봇에 대한 수요도 증가하고 있다. https://www.facebook.com/love.hyodol 참고.

48 홍성욱·최서인, 「㈜효돌의 이예슬 주임과의 인터뷰」 (2021. 2. 17).

49 박다해, 「여성들은 왜 '리얼돌' 판매에 분노하는 걸까요」, 『한겨레신문』 (2019. 8. 9).

50 Cohut, Maria, "Sex Robots May Do More Harm Than Good", *Medical News Today* (5 June 2018) at https://www.medicalnewstoday.com/articles/322030.

51 Levy, David, *Love and Sex with Robots: The Evolution of Human-Robot Relationships*, New York: Harper, 2008.

52 2020년에 출판된 리뷰 논문은 섹스 로봇에 대한 98편의 논문과 섹스 인형에 대한 29편의 논문을 메타 분석했는데, 사용자에 대한 경험적 연구가 거의 없어서 리얼돌의 영향을 학문적으로 가늠하기 힘들다고 결론짓고 있다. Döring, N./ Mohseni, M. R./ Walter, R., "Design, Use, and Effects of Sex Dolls and Sex Robots: Scoping Review", *Journal of Medical Internet Research*, vol. 22, no. 7, 2020, e18551, https://doi.org/10.2196/18551. 본 논문은 리얼돌이 사회에 악영향을 줄 것인지, 혹은 좋은 영향을 줄 것인지를 가늠하려는 목적을 가지고 있지 않다. 본 연구는 리얼돌을 사용하는 특정 사용자들에게서 리얼돌과의 쌍방향적인 관계성, 즉 인간-기술의 공동생성이라고 부를 수 있는 특성이 드러난다는 것을 지적하는 데 그 목적이 있다.

53 Valverde, Sarah, "The Modern Sex Doll Owner: A Descriptive Analysis", Master Thesis at California State Polytechnic University.

54 Langcaster-James, Mitchell/ Bentley, Gillian R., "Beyond the Sex Doll: Post-Human Companionship and the Rise of the 'Allodoll'", *Robotics*, vol. 7, 2018, 1-20.

55 Burr-Miller, Allison/ Aoki, Eric, "Becoming (Hetero) Sexual? The Hetero-Spectacle of

Idollators and their Real Dolls", *Sexuality & Culture*, vol. 17, 2013, 384-400.

56 "리얼돌 여친이랑 사귄지 100일 기념일 데이트 브이로그 최초공개" (2020년 6월 27일). https://www.youtube.com/watch?v=EBam7MaUslo&ab_channel=%EB%8B%AC%ED%81%AC%EB%9F%AC%EC%89%ACdoll

57 인문학에서 동물, 기계, 포스트휴먼에 대한 논의로는 하인혜, 「동물과 함께, 식물과 더불어, 기계와 나란히: 18세기 영문학과 포스트휴머니즘」, 『안과밖』 43, 2017, 221-243을 참조.

3장 포스트휴먼 사회의 동물권과 생명

1 Rosi Braidotti, *The Posthuman* (Cambridge: Polity Press, 2013); 전철, 「휴머니즘의 빛과 그림자: 비판적 포스트휴머니즘의 사상적 실험」, 『신학사상』 191 (2020), 295-323.

2 The American Veterinary Medical Association, "One Health - What is One Health?," https://www.avma.org/one-health-what-one-health

3 Susan L. Prescott & Alan C. Logan, "Planetary Health: From the Wellspring of Holistic Medicine to Personal and Public Health Imperative," *Explore* 15/2 (2019), 98-106.

4 People for Earth, *Ecological Transformation on the Korean Peninsula and in East Asia* (International Conference for Ecozoic Culture, 2018); 전철, 「종교와 과학의 거울로서의 생태문명: 생태문명의 전환을 향한 종교와 과학의 대화」, 『신학연구』 73 (2018), 7-28.

5 지구건강(Planetary Health)의 개념적 정의는 다음과 같이 요약될 수 있다. "The achievement of the highest attainable standard of health, wellbeing, and equity worldwide through judicious attention to the human systems - political, economic, and social - that shape the future of humanity and the Earth's natural systems that define the safe environmental limits within which humanity can flourish." https://en.wikipedia.org/wiki/Planetary_health

6 Nick Bostrom, *Superintelligence: Paths, Dangers, Strategies* (New York: Oxford University Press, 2014).

7 Wendell Wallach & Colin Allen, *Moral Machines: Teaching Robots Right from Wrong* (New York: Oxford University Press, 2008), 73-82.

8 European Parliament, *Study for Juri Committee, Directorate General for Internal Policies Policy Department C: Citizens' Rights and Constitutional Affairs European Civil Law Rules in Robotics* (European Union, 2016).

9 박태현, 「에콰도르 헌법상 자연의 권리, 그 이상과 현실」, 『환경법연구』 41/2 (2019),

107-141.

10 데이비드 보이드, 이지원 옮김, 『자연의 권리: 세계의 운명이 걸린 법률 혁명』 (서울: 고유서가, 2020), 280.

11 "Der Staat schützt auch in Verantwortung für die künftigen Generationen die natürlichen Lebensgrundlagen und die Tiere im Rahmen der verfassungsmäßigen Ordnung durch die Gesetzgebung und nach Maßgabe von Gesetz und Recht durch die vollziehende Gewalt und die Rechtsprechung." Deutscher Bundestag, *Grundgesetz für die Bundesrepublik Deutschland. Art 20a: Schutz der natürlichen Lebensgrundlagen und der Tiere* (2019).

12 윌리엄 맥닐, 김우영 옮김, 『전염병의 세계사』 (서울: 이산, 2012), 74.

13 데이비드 콰먼, 강병철 옮김, 『인수공통 모든 전염병의 열쇠』 (서울: 꿈꿀자유, 2020), 643-644.

14 Walter Benjamin, "'Gloves' from One-Way Street (1925-6)," *One-Way Street and Other Writings* (London: Verso, 1997), 50-51; Erica Fudge, *Animal* (London: Reaktion Books, 2002), 7에서 재인용.

15 앞의 책, 15.

16 에두아르도 콘, 차은정 옮김, 『숲은 생각한다: 숲의 눈으로 인간을 보다』 (서울: 사월의책, 2018), 158.

17 피터 싱어, 김성한 옮김, 『동물해방』 (서울: 연암서가, 2012).

18 게리 스나이더, 이상화 옮김, 『지구, 우주의 한 마을』 (서울: 창비, 2015): 게리 스나이더, 이상화 옮김, 『야생의 실천』 (서울: 문학동네, 2015).

19 캐서린 헤일스, 허진 옮김, 『우리는 어떻게 포스트 휴먼이 되었는가』 (서울: 열린책들, 2013), 398-408.

20 프란시스코 바렐라, 석봉래 옮김, 『몸의 인지과학』 (서울: 김영사, 2013).

21 유기윤 · 김정옥 · 김지영, 『미래 사회 보고서: 당신의 미래를 지배할 것들』 (서울: 라온북, 2017), 88-102.

22 Cary Wolfe, *What is Posthumanism?* (Minneapolis: University of Minnesota Press, 2010). 45.

23 피터 싱어는 동물의 고통에 대하여 다음과 같이 진술한다. "동물이 고통을 느끼지 못한다고 생각할 아무런 이유가 없다. 그것이 과학적 이유건, 철학적 이유건 이는 마찬가지다. 만약 다른 사람들이 고통을 느낀다는 것을 의심하지 않는다면, 다른 동물이 고통을 느낀다는 것 또한 의심해선 안 된다. 동물들은 고통을 느낄 수 있다. 앞에서 살펴본 바와 같이, 동물이 느끼는 고통(또는 쾌락)이 인간이 느끼는 동일한 양의 고통(또는 쾌락)보다 중요하지 않다는 생각은 어떤 경우에도 도덕적으로 정당화되지 않는다." 피터 싱어, 김성한 옮김, 『동물해방』 (2013), 48-49.

24 Irun R. Cohen, *Tending Adam's Garden: Evolving the Cognitive Immune Self* (New York: Academic Press, 2000), 57-99.

25 Henrique Veiga-Fernandes & António A Freitas, "The S(c)ensory Immune System Theory," *Trends Immunol*, 38/10 (2017), 777-788.

26 N. K. Jerne, "Towards a Network Theory of the Immune System," *Ann. Immunol*, 125C (1974), 373-389.

27 한편 젊은이들은 신자유주의라는 양극화 시대를 살아남기 위해 영끌마저 하면서 주식과 부동산에 매달리고 있다. 단순히 좋은 스펙을 쌓아 무한 경쟁에서 이겨야 한다는 것도 이제 시대 지난 말이다. 벼락 거지, 이생집망, 부동산 블루를 넘어 패닉바잉까지. 학벌이나 부의 세습으로 인한 계층 고정화를 넘어, 이제 사람들은 사회의 투명 인간으로 남지 않기 위해 생존 싸움을 하고 있다.

28 "문명사회 특유의 감염증은 대부분 동물집단에서 인간집단으로 이행된 것이다. 사육하는 가축과 자주 접촉할 수밖에 없었기 때문에, 우리가 알고 있는 흔한 감염증은 가축을 괴롭히는 몇 가지 질병과 뚜렷한 연관성을 띠고 있다. 예를 들어 홍역은 우역(牛疫)이나 개의 디스템퍼와, 천연두는 우두 및 기타 동물 감염증과 관계가 있고, 인플루엔자는 사람과 돼지 둘 다 걸린다. [⋯] 하나의 질병이 사람과 여러 동물을 동시에 감염시키기도 하므로, 이 수에는 중복되는 것도 있다. 게다가 어떤 질병은 드물게 발생하지만 또 어떤 질병은 흔하기 때문에 다양한 질병을 나열하는 것만으로는 별 의미가 없다. 그렇지만 중복되는 질병이 많다는 것은 인류와 사육동물의 질병관계가 어떻게 세분화되었는가를 보여준다. 또한 인간과 동물의 친밀도가 높아질수록 공유되는 감염증이 증가한다는 것도 분명하다. 본래 가축이 먼저 걸렸고 현재 가축과 공유하고 있는 이런 인수공통전염병(人獸共通傳染病) 외에도, 인간은 야생동물들 사이에 확립되어 있는 질병 사이클에 개입함으로써 병에 걸리기도 한다. 예를 들어 선(腺)페스트는 땅에 굴을 파고 사는 설치류, 황열병은 원숭이, 광견병은 박쥐나 개 같은 온혈동물에 널리 퍼져 있던 치명적인 감염증이다." 윌리엄 맥닐, 김우영 옮김, 『전염병의 세계사』 (2012), 72-73.

29 Ulrich Beck, *Risikogesellschaft. Auf dem Weg in eine andere Moderne* (Frankfurt: Suhrkamp, 2015).

30 조르조 아감벤, 박진우 옮김, 『호모 사케르: 주권 권력과 벌거벗은 생명』 (서울: 새물결, 2008), 155-189; 조르조 아감벤, 김영훈 옮김, 『벌거벗음』 (서울: 인간사랑, 2014), 107.

31 Jacques Derrida, *Learning to Live Finally: The Last Interview* (The Last Interview Series) (Brooklyn: Melville House, 2011).

32 우희종, 「생명, '테라 사케르'를 위하여」, 『경기신문』 (2021.2.15).

33 Jürgen Moltmann, *Gott in der Schöpfung: Ökologische Schöpfungslehre* (München: Chr Kaiser, 1985), 250-280.

34 "'나는 생각한다, 고로 존재한다'는 치통을 과소평가하는 지식인의 말이다. '나는 느낀다,

고로 존재한다'야말로 모든 생물을 포괄하는, 훨씬 일반적으로 받아들일 수 있는 진실이다. 나의 자아는 사유에 의해서는 당신의 자아와 본질적으로 구분되지 않는다." 빌란 쿤데라, 김병욱 옮김, 『불멸』 (서울: 민음사, 2010), 325.

4장 휴머니즘의 빛과 그림자

1 "포스트휴머니즘"(posthumanism)이라는 개념에 대한 계보학적 해석은 다음을 참조. "'포스트휴머니즘'이라는 개념의 계보학은 물론 있다. 일례로 올리버 크뤼거는 '포스트휴먼'이라는 용어가 1656년 토머스 블런트의 글로소그래피아에 이미 등장했다고 말하면서 옥스퍼드 영어사전을 근거로 제시한다. 이와 반대로 닐 배드밍턴은 블라바츠키를 최초의 '포스트-휴먼' 사용자라고 말한다(1888). 하지만 '포스트-휴머니즘'이라는 용어를 비판적으로 사용한 최초의 인물은 바로 이합 합산이다(1977)." 슈테판 헤어브레히터, 김연순·김응준 옮김, 『포스트휴머니즘: 인간 이후의 인간에 관한 문화철학적 담론』 (서울: 성균관대학교 출판부, 2012), 54. Cf. Oliver Krüger, *Virtualität und Unsterblichkeit: die Visionen des Posthumanismus* (Freiburg: Rombach, 2004), 107; Neil Badmington, "Posthumanism," in Simon Mapas & Paul Wake (ed.), *The Routledge Companion to Critical Theory* (London: Routledge, 2006), 240-241.

2 Stefan Herbrechter, "Critical Posthumanism," in Rosi Braidotti & Maria Hlavajova (ed.), *Posthuman Glossary* (London: Bloomsbery, 2018), 94-96; Rosi Braidotti, "Posthuman Critical Theory," in Rosi Braidotti & Maria Hlavajova (ed.), *Posthuman Glossary* (London: Bloomsbery, 2018), 339-341.

3 Janina Loh, *Trans- und Posthumanismus: Zur Einführung* (Hamburg: Junius Verlag, 2019), 18-22.

4 홍성욱 · 전철, 「과학기술학(STS)의 관점에서 본 종교와 과학: 과학적 사실과 종교적 가치의 만남에 관한 연구」, 『신학연구』 73 (2018), 39-44.

5 슈테판 헤어브레히터, 김연순 · 김응준 옮김, 『포스트휴머니즘』 (2012), 58.

6 Ibid., 22.

7 Martin Heidegger, "Brief über den Humanismus," *Gesamtausgabe Band 9* (Frankfurt am Main: Vittorio Klostermann, 1976), 321.

8 Lewis W. Spitz, "Humanismus/Humanismusforschung," *Theologische Realenzyklopädie: Band 15* (Berlin: Walter de Gruyter, 1986), 639.

9 인간과 비인간의 관계를 새롭게 탐구하는 브뤼노 라투르의 '사물의 정치학' 논의는 인간과 사물의 관계를 재정립하고자 하는 포스트휴먼 사유의 중요한 특성을 반영한다고 할 수 있다. Bruno Latour, *Politics of Nature* (Cambridge: Harvard University Press, 2004).

10 자아와 마음의 문제에 대한 새로운 관점에 대해서는 Gregory Bateson, *Ökologie des Geistes. Anthropologische, psychologische, biologische und epistemologische Perspektiven* (Frankfurt: Suhrkamp, 1981); 전철, 「신의 지능과 사물의 지능: 지능의 본성에 대한 신학적 연구」, 『신학사상』 183 (2018), 79-109.

11 포스트휴먼 논의를 이끄는 사상가인 로지 브라이도티(Rosi Braidotti)가 포스트휴먼 논의를 위한 출발점으로 삼고 있는 것은 사변적 논의가 아닌 '포스트휴먼적 역사적 조건'이다. 사상적, 경제적, 정치적, 학문적인 현 상황 진단으로부터 포스트휴먼 담론의 당위성을 논함으로써, 브라이도티는 포스트휴먼 조건에 대한 고찰이야말로 현시대를 살아가는 지성인의 중요한 사명임을 강조한다. 포스트휴먼의 역사적 조건을 헤아리면 포스트휴머니즘이 매우 정치적이고도 실천적인 것들과 연결된 담론임을 쉽게 확인할 수 있다. 특히 로지 브라이도티의 포스트휴먼 주체에 대한 정의는 휴머니즘과 포스트휴머니즘의 관계 설정의 관점에서도 시사하는 바가 크다. "포스트휴먼 주체의 관계적 능력은 우리 종에만 국한되지 않으며, 인간의 형상을 하지 않은 모든 요소도 포함한다. 생명 물질은—육체를 포함해서—지능이 있고 자기조직적이다." Rosi Braidotti, *The Posthuman* (Cambridge: Polity Press, 2013), 60. 로지 브라이도티, 이경란 옮김, 『포스트휴먼』 (서울: 아카넷, 2015), 81.

12 슈테판 헤어브레히터, 김연순 · 김응준 옮김, 『포스트휴머니즘』 (2012), 40-41.

13 Ibid., 45.

14 미셸 푸코, 이규현 옮김, 『말과 사물』 (서울: 민음사, 2012), 466-469, 522-525.

15 이는 인간다운 인간(*homo humanus*)에 대한 성찰 속에서 휴머니즘의 역사적 자리를 찾는 과정이기도 하다. Martin Heidegger, "Brief über den Humanismus," *Gesamtausgabe Band 9* (Frankfurt am Main: Vittorio Klostermann, 1976), 345.

16 Rosi Braidotti, *The Posthuman* (2013), 25. 로지 브라이도티, 이경란 옮김, 『포스트휴먼』 (2015), 39.

17 Ibid., 23-24. Ibid., 36.

18 Stefan Herbrechter, *Posthumanismus: Eine kritische Einführung* (Darmstadt: WBG, 2009).

19 슈테판 헤어브레히터, 김연순 · 김응준 옮김, 『포스트휴머니즘』 (2012), 12.

20 Ibid., 29.

21 Ibid., 39.

22 Ibid., 39.

23 Francesca Ferrando, "Transhumaism/Posthumanism," in Rosi Braidotti & Maria Hlavajova (ed.), *Posthuman Glossary* (London: Bloomsbery, 2018), 438-439.

24 레이 커즈와일은 정보기반 기술들이 수십 년 내에 인간의 모든 지식과 기량을 망라하고 궁극적으로 인간 두뇌의 패턴 인식 능력과 문제 해결 능력, 감정 및 도덕적 지능에까지

도 충분히 접근할 것이라고 예언한다. 그리고 기계가 인간을 추월하는 특이점을 2040년으로 진단한다. Ray Kurzweil, *The Singularity Is Near: When Humans Transcend Biology* (New York: Viking Books, 2006).

25 Stefan Herbrechter, "Critical Posthumanism," in Rosi Braidotti & Maria Hlavajova (ed.), *Posthuman Glossary* (London: Bloomsbery, 2018), 94-96.

26 Rosi Braidotti, "Posthuman Critical Theory," in Rosi Braidotti & Maria Hlavajova (ed.), *Posthuman Glossary* (London: Bloomsbery, 2018), 339-341.

27 슈테판 헤어브레히터, 김연순·김응준 옮김, 『포스트휴머니즘』 (2012), 69.

28 Francis Fukuyama, *Our Posthuman Future: Consequences of the Biotechnology Revolution* (New York: Farrar, Straus and Giroux, 2002).

29 마이클 샌델은 유전공학을 통한 인간 신체와 정신의 향상을 도덕의 관점에서 비판적으로 바라본다. Michael Sandel, *The Case Against Perfection: Ethics in the Age of Genetic Engineering* (Cambridge, Mass.: Harvard University Press, 2007).

30 Francis Fukuyama, "The World's Most Dangerous Ideas: Transhumanism," *Foreign Policy* 144 (2004), 42-43.

31 올리버 크뤼거는 이러한 급진적 기술이상주의자 그룹으로서 맥스 무어, 프랭크 티플러, 마빈 민스키, 한스 모라벡, 레이 커즈와일 그리고 세계 트랜스휴먼 협회와 엑스트로피언 협회를 언급한다. Oliver Krüger, *Virtualität und Unsterblichkeit: die Visionen des Posthumanismus* (Freiburg: Rombach, 2004).

32 슈테판 헤어브레히터, 김연순·김응준 옮김, 『포스트휴머니즘』 (2012), 144.

33 슈테판 헤어브레히터, 김연순·김응준 옮김, 『포스트휴머니즘』 (2012), 47.

34 Rosi Braidotti, *The Posthuman* (2013), 42. 로지 브라이도티, 이경란 옮김, 『포스트휴먼』 (2015), 58.

35 트랜스휴머니즘에 대한 과학적, 철학적, 신학적 성찰에 대하여 다음을 참조. 한신대학교 종교와과학센터(CRS). 『트랜스휴머니즘과 종교적 상상력: 인간존재론의 재구성: 종교와과학 2016 국제콘퍼런스』 (서울: 한신대학교 종교와과학센터, 2016).

36 사물과 함께하는 인간에서 사물로부터 인간을 연구하는 연구 방법의 포스트이론적인 전향은 포스트휴먼과 연동된다. 인간과 비인간의 관계를 조명하는 브뤼노 라투르의 작업 평가는 다음을 참조. Rosi Braidotti, *The Posthuman* (2013), 4-5. 로지 브라이도티, 이경란 옮김, 『포스트휴먼』 (2015), 12.

37 Cf. Adam S. Miller, *Speculative Grace: Bruno Latour and Object-Oriented Theology* (New York: Fordham University Press, 2013).

38 이경민, 「인간중심주의를 넘어서」, 『한반도와 동아시아의 생태적 전환』 (서울: 지구와사람, 2018), 107-112.

39 브뤼노 라투르, 장하원·홍성욱 옮김, 『판도라의 희망』 (서울: 휴머니스트, 2018), 240.

40 Ibid., 246.

41 Rosi Braidotti, *The Posthuman* (2013), 60. 로지 브라이도티, 이경란 옮김, 『포스트휴먼』 (2015), 81.

42 Katherine Hayles, *How We Became Posthuman: Virtual Bodies in Cybernetics, Literature, and Informatics* (Chicago: The University of Chicago Press, 1999), 51-70; Gregory Bateson, *Mind and Nature: A Necessary Unity* (New York: Dutton, 1979); Gregory Bateson, *Steps to an Ecology of Mind* (New York: Ballantine, 1972).

43 Rosi Braidotti, *The Posthuman* (2013), 76. 로지 브라이도티, 이경란 옮김, 『포스트휴먼』 (2015), 101.

44 Frans de Waal, *The Age of Empathy: Nature's Lessons for a Kinder Society* (New York: Three Rivers Press, 2009).

45 "동물들에게 도덕적 법적 평등성의 원칙을 확장하기 위해 그들을 의인화하는 것은 훌륭한 행위일 수 있다. 하지만 그것은 두 가지 점에서 내재적 결함이 있다. 첫째, 헤게모니의 범주인 인간을 타자들에게 자비롭게 확장함으로써 인간/동물을 이분법적으로 확실하게 구분한다. 둘째, 동물들을 획일적으로 감정이입이라는 종 초월적이고 보편적인 윤리적 가치의 상징으로 간주하기 때문에 동물들의 특수성은 완전히 부인된다." Rosi Braidotti, *The Posthuman* (2013), 79. 로지 브라이도티, 이경란 옮김, 『포스트휴먼』 (2015), 106.

46 Ibid., 79-80. Ibid., 106.

5장 서구 휴머니즘과 그리스도교에 대한 성찰

1 Matthew Engelke, "Christianity and anthropology of secular humanism," *Current Anthropology*, Vol. 55 (Dec., 2014), pp. 292-301.

2 현재 인도주의(人道主義)는 humanitarianism의 번역어로 사용되고 있으나, 근대 시기 humanism의 여러 번역어 중 하나로도 사용되었다.

3 Rudolf Bultmann, "Humanismus und Christentum," *Studium Generale I*, 1948, pp. 70-77; Rudolf Bultmann, *Glauben und Verstehen Bd. II*, (Tübingen: Mohr Siebeck, 1968), pp. 133-148.

4 Sophie Picard, "Humanum und Nihilismusgefahr. Funktionen des Humanismus-Konzepts 1930-1950 (Interdisziplinäre Tagung in Jena v. 24.-26.9.2015)," *Zeitschrift für Germanistik*, Vol. 26, No. 2 (2016), pp. 411-414.

5 Martin Heidegger, "Brief über den Humanismus," *Wegmarken, Gesamtausgabe Bd. 9*,

(Frankfurt am Main: Vittrio Klostermann, 1976), pp. 313-364.

6 Friedrich Niethammer, *Der Streit des Philanthropinismus und des Humanismus in der Theorie des Erhziehungs-Unterrichts unsrer Zeit* (Jena: Frommann, 1808); Lewis W. Spitz, "Humanismus/Humanismusforschung," Gerhard Müller (ed.), *Theologische Realenzyklopädie: Bd. XV* (Berlin/New York: Walter de Gruyter, 1986), p. 639.

7 신휴머니즘(Neuhumanismus)은 르네상스 시기 휴머니즘 이후에 독일에서 일어난 휴머니즘을 가리킨다. '신인문주의'로도 번역되는 이 용어를 처음으로 사용한 인물은 파울젠(Friedrich Paulsen, 1846-1908)이라는 철학, 교육학 학자로서 18세기와 19세기 독일에서 그리스 로마 고전기를 미학적이자 교육학적으로 수용했던 특징을 신휴머니즘으로 명명했다. Klaus Prange, "Neuhumanismus," Gerhard Müller (ed.), *Theologische Realenzyklopädie: Bd. XXIV* (Berlin/New York: Walter de Gruyter, 1994), p. 315.

8 Jacob Burckhardt, *Die Kultur der Renaissance in Italien: Ein Versuch* (Basel: Schweighauser, 1860).

9 서구 근대성의 특징으로서 휴머니즘에 대한 이해를 정밀히 진행하기 위해서는, 사실 서구 휴머니즘이 보편적 휴머니즘으로 확산, 정착하게 되는 식민주의, 제국주의 역사와 근대 지식의 유통 상황을 정밀히 짚어보아야 한다. 이를 통해서야 비서구의 휴머니즘에 대한 수용맥락과 그 특징이 더욱 명확히 드러나기 때문이다.

10 *Studium generale: Zeitschrift für die Einheit der Wissenchaften im Zusammenhang ihrer Begriffsbildungen und Forschungmethoden* (Springer, 1947-1971).

11 한국어 번역본: 루돌프 불트만, 허혁 역, 『학문과 실존 III』 (서울: 성광문화사, 1981), 202-215쪽. 본문의 인용은 국역본을 기본으로 하였으나 필요한 경우 독어 원문에 가깝게 수정했다. 이후 인용은 잡지에 실린 페이지, 불트만 소논문 모음집인 *Glauben und Verstehen II*의 페이지를 따른다.

12 그리스 고전 시기를 이상으로 삼는 휴머니즘적 인간론은 불트만이 1945년에 논의한 그리스적 사유에서의 인간상과 거의 동일하다. "그리스적 사유는 인간 존재의 이해를, 인간 실존 안에 숨겨진 수수께끼에 대한 대답을 전체로서 우주를 관찰하는 데서 얻으려고 한다. 그 때문에 이 사유는 인간을 종족(Gattung) 개념 아래서 본다. 조화로운 우주적 전체에 의해 둘러싸여 있는 생물들 중 특정한 종족으로서 인간은, 이성과 정신의 소유를 통해 다른 생물들보다 두드러진 것으로서, 동시에 이 소유를 통해 신성의 존재와 닮은 존재로서 나타나는데, 이 신성은 그리스인에게 있어서 우주 저쪽에 있는 존재가 아니라 전체에 예속된 것으로서 생각된다." 루돌프 불트만, 「아담아, 네가 어디에 있느냐?」, 『학문과 실존 I』, 허혁 역 (서울: 성광문화사, 1980), 86-87쪽. 이 글은 야스퍼스 등의 주도로 창간된 월간지 *Die Wandlung*에 기고한 것이다.

13 p. 71; p. 135; 204쪽.

14 pp. 72-73; pp. 137; 205-206쪽.

15 pp. 72-73; pp. 137-138; 206쪽.

16 루터의 종교개혁을 통해 등장한 칭의론은 의화론으로도 불리는데, 한 인간이 믿음, 신앙을 통해 신으로부터 의롭다 여김을 받는다는 구원에 관한 교리이다.

17 p. 74; p. 141; 209-210쪽.

18 Ibid..

19 pp. 74-75; p. 142; 211쪽.

20 Konrad Hammann, *Rudolf Bultmann: Eine Biographie* (Tübingen: Mohr Siebeck, 2012). p. 368.

21 Hammann, p. 363.

22 pp. 76-77; pp. 147-148; 214-215쪽.

23 pp. 74-75; p. 142; 210쪽.

24 p. 76; p. 145; 213쪽.

25 pp. 76-77; pp. 147-148; 214-215쪽.

26 Ibid..

27 신정통주의적 신학자들은 성서를 신화적 표상으로, 복음을 윤리적 차원으로 축소시켜 휴머니즘적 그리스도교를 추구한 과거 자유주의 신학에 비판적이었다. 당시 독일 자유주의 신학자들은 인간의 진보에 낙관적인 근대성을 흡수하며 내면적 신앙을 강조했다. 이들은 신학의 학문적 발전과 문화개신교의 확산에 기여하였으나, 참전에 대한 적극적 지지와 나치 협력의 문제로 제2차 대전 이후로는 쇠락하였다. 현재의 자유주의 신학은 앞선 자유주의 신학 세대와 달리 인간과 세계에 대한 지나친 낙관론을 공유하지는 않는다. 그리고 '자유주의 신학'이라는 호칭은 그것을 사용하는 측의 신학적 입장에 따라 그 의미가 달라지므로 그 사용에 있어 역사적, 상황적 맥락을 파악할 필요가 있다.

7장 포스트휴머니즘과 해방의 정치

1 노대원, 「한국 문학의 포스트휴먼적 상상력—2000년대 이후 사이언스 픽션 단편소설을 중심으로」, 『비교한국학』 23/2(2015.8) 참조.

2 이 에세이는 *Socialist Review*, no. 80(1985)에 처음 발표되었고, 1991년에 출간된 책 *Simions, Cyborgs and Women*에 수록되었다. 이 책의 한국어 번역본 『유인원, 사이보그 그리고 여자』(동문선, 2002) 참조.

3 한국어 번역본(플래닛, 2013) 참조.

4 해러웨이는 '사이보그'가 유기체와 기계의 잡종적 신체를 가진, 기술문명시대의 오염된 타자성의 표상이라고 본다.

5 https://www.slideshare.net/guest3bd2a12/the-reincarnation-of-saint-orlan-presentation.

6 마정미, 「포스트휴먼과 탈근대적 주체에 관한 연구」, 『인문콘텐츠』 13(2008.11), 205-207쪽 참조.

7 서동진, 「기관 없는 신체 혹은 신체 없는 기관—신체의 재현과 그 위기」, 『문학과 경계』 12(2004), 144-145쪽.

8 이하의 내용은 이 영화에 대한 『씨네21』(2007.1.4.)에 실린 황진미의 비평에서 많은 영감을 받았다.

9 동정심, 슬픔에 잠기는 것, 설렘, 망설임, 쓸데없는 공상, 죄책감, 감사하는 마음.

10 고레에다 히로카즈의 영화 〈아무도 모른다〉(誰も知らない, Nobody Knows, 2004)는 바로 그러한 부드러운 야만이 작동되고 있는 일본사회에서 야만이 어떻게 구현되고 있는지를 증언하고 있다.

11 이영자, 「참여정부 시대의 '개혁' 담론과 '배제의 사회'—프랑스 좌익 근대화의 교훈」, 『당대비평』 22(2003.6), 68-71쪽.

12 태혜숙, 『탈식민주의 페미니즘』(여이연, 2001) 참조.

13 장미경, 「페미니스트 근대론자들—낸시 프레이저, 아이리스 영, 앤 필립스를 중심으로」, 『경제와사회』 43(1999) 참조.

14 『씨네21』(2006.12.19.)에 실린 이 영화에 대한 평론가들의 글 참조.

15 영화평론가 변성찬은 이 영화를 홍보 포스터의 메인카피 문구와는 달리 '사랑'에 관한 영화가 아니라 '복수'에 관한 또 다른 버전이라고 말한다. 『씨네21』(2006.12.19.)에 실린 변성찬의 글 참조.

16 『씨네21』(2006.12.19.)에 실린 박찬욱의 인터뷰 참조.

17 최정운, 『오월의 사회과학』(풀빛, 1999) 참조.

8장 포스트휴먼과 고통의 해석학

1 이택광 기획, 임민욱·홍세화 취재, 『임박한 파국: 슬라보예 지젝의 특별한 강의』(꾸리에, 2012), 2부 「지금, 여기, 무엇을 할 것인가」 중 "백만 마리 동물 관리"(58-60).

2 Philip Hefner, *The Human Factor: Evolution, Culture, and Religion* (Minneapolis: Fortress Press, 1993), 145-156; 테드 피터스가 편집을 맡아서 출간된 *Science and Theology: The New Consonance* (Westview Press, 1998)가 한국에서 『과학과 종교: 새로운 공명』(동연, 2002)이라는 제목으로 출판되었다. 그 책에 필립 헤프너 교수의 논문인 「생명 문화적 진화와 창조된 공동 창조자」가 실려 있다.

3 신상규, 「확장된 마음과 자아의 확장」, 『포스트휴먼의 무대』(아카넷, 2015), 35-62.

4 Jacques Derrida, *Specters of Marx* (New York; Routledge, 1994), 210-211.

5 발터 벤야민, 반성완 편역, 「역사철학테제」, 『발터 벤야민의 문예이론』(민음사, 1983), 15-16.

6 Ibid., 348.

7 테리 이글턴, 강주헌 옮김, 『신을 옹호하다: 마르크스주의자의 무신론 비판』(모멘토, 2010).

| 서지 사항 |

이 책의 주요 토대가 된 문헌은 다음과 같다(원고 수록순).

이경민·전철, 「인공지능과 인간지능: 지능에 관한 인지과학과 신학의 대화」, 『신학사상』 192 (2021), 229-253.

홍성욱, 「포스트휴먼 테크놀로지」, 『인문학연구』 35 (2021), 3-35.

우희종·전철, 「포스트휴먼 사회의 동물권: 인간, 동물, 인공지능의 생명 존재론」, 『신학사상』 193 (2021), 61-85.

전철, 「휴머니즘의 빛과 그림자: 비판적 포스트휴머니즘의 사상적 실험」, 『신학사상』 191 (2021), 295-323.

김태연, 「제2차 세계대전 후 휴머니즘과 그리스도교에 대한 성찰」, 『인문학연구』 49 (2020), 7-40.

강금실

재단법인 지구와사람 대표, 법무법인 원 대표변호사. 1957년에 태어나 서울대 법대를 졸업했다. 판사를 역임하고 제55대 법무부 장관을 지냈다. 가톨릭대 생명대학원에 진학하여 생태문명의 가능성을 공부했으며, 2015년 지식공동체 지구와사람을 창립해 생태대 문명 패러다임 연구와 전파에 힘쓰고 있다. 경기도 기후대응산업전환 특별위원회 공동위원장, 강원문화재단 이사장 등으로 활동하고 있다. 주요 저서로 『지구를 위한 변론』 『지구를 위한 법학』(공저) 『생명의 정치』 『오래된 영혼』 등이 있다.

김진호

전 『당대비평』 편집주간. 한신대 신학대학원을 졸업하고 한백교회 담임목사, 한국신학연구소 연구원, 계간 『당대비평』 편집주간 등을 지냈다. 제도권 신학 바깥에서 민중신학 연구자로 활동하고 있다. 민중신학자로 한국 사회와 교회의 불편한 공존에 대해, 그리고 민중의 숨겨진 그림자를 찾는 것에 관한 글을 써왔다. 주요 저서로 『성서와 동성애』 『대형교회와 웰빙보수주의』 『리부팅 바울』 『시민 K, 교회를 나가다』 『예수의 독설』 『반신학의 미소』 등이 있다.

김태연

숭실대 인문과학연구소 조교수. 이화여대를 졸업하고 독일 하이델베르크 대학 신학부에서 상호문화신학·종교학으로 석사와 박사학위를 받았다. 하이델베르크 대학 동양학부 외래교수, 이화여대 이화인문과학원 HK연구교수를 역임했으며, 현재 숭실대 인문과학연구소 조교수로 재직 중이다. 공저서로 『축제』 『한국의 과학과 종교』 『도시 산책: 유럽 도시의 근대적 기억들』 『근대 담론의 형성과 지식장의 전환』 『근대 지식과 인간과학』 『한국 종교학: 성찰과 전망』 등이 있다.

우희종

서울대 수의학과 교수, 바른불교재가모임 상임대표. 서울대 수의과대학을 졸업하고 일본 도쿄 대학에서 생명약학으로 석사와 박사학위를 받았다. 민주화를위한전국교수협의회 상임대표를 역임했고, 카피레프트 운동에 동참하고 있으며, 서울대 여성학협동과정 겸임교수이기도 하다. 종교 간의 대화에 관심이 많고, 자신을 기독교인이자 불교인이라 생각한다. 서울대-한신대 포스트휴먼연구단에 소속되어 포스트휴먼 시대의 인간과 문명에 관한 논의에 참여했다. 저서로 『생명과학과 선』이 있으며, 공저서로 『생명』『욕망, 삶의 동력인가 괴로움의 뿌리인가』『인류의 스승으로서의 붓다와 예수』 등이 있다.

이경민

서울대 의과대학 교수. 서울대에서 신경학과 인지신경과학을 가르치고 있다. 한국인지과학회장, 서울대 인지과학연구소장, 『Journal of Clinical Neurology』 편집장을 역임하고, 현재 게임과학연구원장을 맡고 있다. 인지신경과학과 임상 신경학 분야의 다양한 주제와 포스트휴머니즘 시대의 종교와 과학, 비디오 게임을 통한 뇌 발달과 뇌 건강 증진 등의 주제에 대해 연구해 왔다. 서울대-한신대 포스트휴먼연구단에 소속되어 포스트휴먼 시대의 인간과 문명에 관한 논의에 참여했다. 공저서로 『게임하는 뇌: '게임 인류'의 뇌과학 이야기』『인공지능과 포스트휴머니즘』 등이 있다.

이상철

크리스챤아카데미 원장. 한신대 신학과와 동대학원 신학과를 졸업하고 시카고 신학대학원(Chicago Theoloical Seminary)에서 '레비나스의 타자의 윤리'로 박사학위를 취득하였다. 현재 한백교회 담임목사로, 한신대와 성공회대 겸임교수(기독교윤리)로 활동하고 있다. 단행본으로 『죽은 신의 인문학』『탈경계의 신학』이 있고, 공저서로 『민중신학, 고통의 시대를 읽다』『십계에 대한 인문학적 고찰』『남겨진 자들의 신학』『헤아려본 세월』『고통의 인문학』 등이 있다.

전철

한신대 신학부 교수. 한신대 신학과와 동대학원 신학과를 졸업하고 독일 하이델베르크 대학에서 박사학위를 받았다. 현재 한신대 신학대학원 원장이며 한신대 종교와과학센터(CRS) 센터장이다. 서울대-한신대 포스트휴먼연구단에 소속되어 포스트휴먼 시대의 인간과 문명에 관한 논의에 참여했다. 주요 저서로 『화이트헤드의 창조성과 세계의 상대성』 등이 있고, 공저서로 『내가 만난 루만』 『AI 시대, 행복해질 용기』 『한국교회의 개혁을 위한 신학』 『한국의 과학과 종교』 『평화의 신학』 『소수자의 신학』 『포스트휴먼 시대, 생명·신학·교회를 돌아보다』 『한국신학의 선구자들』 『미디어와 여성신학』 등이 있다.

홍성욱

과학기술학자. 서울대 물리학과를 졸업하고 과학사 및 과학철학 협동과정에서 석사와 박사학위를 받았다. 캐나다 토론토 대학 교수를 거쳐 서울대 과학사 및 과학철학 협동과정, 과학학과 교수로 재직 중이다. 서울대-한신대 포스트휴먼연구단에 소속되어 포스트휴먼 시대의 인간과 문명에 관한 논의에 참여했다. 주요 저서로 『모던테크』 『실험실의 진화』 『포스트휴먼 오디세이』 『크로스 사이언스』 『홍성욱의 STS, 과학을 경청하다』 등이 있고, 공저서로 『미래는 오지 않는다』 『4차 산업혁명이라는 유령』 등이 있다.